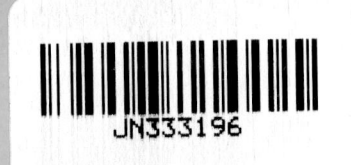

日本の最も美しい名建築

BEAUTIFUL MODERN ARCHITECTURE OF JAPAN

田中禎彦　小野吉彦

X-Knowledge

はじめに

本書は、日本各地に残る近代建築の逸品を散りばめた写真集である。ふつう近代建築というと、東京駅に代表される赤レンガの洋風建築を思い出すかもしれない。しかし、近代日本の素晴らしい建築はこれだけにとどまらない。

本書には、西欧の古典主義建築に影響を受けた壮大なネオバロックの宮殿から、辰野式の赤レンガの銀行、大工が見よう見まねで建てた擬洋風の学校、レンガ造の産業遺産、はたまた伝統的な木造建築の系譜を継ぐ近代和風の駅舎、世界的に著名なフランク・ロイド・ライトのホテル、果ては戦後モダニズムの美術館まで、住宅を除いた多岐、多様にわたる珠玉のような近代建築を収録した。

とにかく写真で見て豪華、美しいという観点で選んだので、「建築史上、大変重要なあの建物がない」といったご指摘もあろうが、すべては見ためで判断した結果と思ってほしい。そんなわけで、通常の建築専門誌などでは扱わない、夜景の外観写真なども積極的に取り上げた。

まずはその美しい写真を十分に満喫いただきたい。さらには解説やトリビアを読んで蘊蓄《うんちく》をかたむけていただきたい。

見比べていくと、だんだんルネッサンス、バロックといった古典主義建築から、中世風のゴシック、和風意匠の濃い近代和風など、建物ごとのかたちの違いがみえてくる。あるいは同じ作家の作風の変遷をたどることで更なる理解が深まる。

是非とも、その深みにはまり、近代日本の名建築の世界を堪能してほしい。

田中禎彦

右ページ写真
上段　迎賓館赤坂離宮／綿業会館
中段　明治生命館／東京国立博物館 本館
下段　旧甲子園ホテル／ホテルニューグランド

CONTENTS
目次

本書の構成

物件名

文化財指定など

国宝…国宝

重文…重要文化財

登録…国登録有形文化財

世界遺産…世界文化遺産

トリビア

建物に関連する事柄を取り上げ、紹介しています

- **設計者**
- **所在地、アクセス、見学情報など**
- **周辺MAP**

STATE GUEST HOUSE, AKASAKA PALACE

国内有数の作家を結集してつくった、
明治洋風建築の金字塔 国宝

迎賓館赤坂離宮

（旧東宮御所）

湾曲した翼部が広がるバロック的構成の外観。壁面にはペディメント（建物中央上部の三角形の部分）や浮彫りがバランスよく配される。また、中央部屋根に甲冑の武者が載るなど、日本的な味わいがもたらされるのも興味深い。

迎《げい》賓館《ひんかん》赤坂《あかさか》離宮《りきゅう》(旧東宮御所《とうぐうごしょ》)は、のちに大正天皇となる皇太子のための洋風宮殿で、明治42年に完成しました。宮内省内匠寮《くないしょうたくみりょう》の片山東熊《かたやまとうくま》が指揮をとり、国内有数の建築家、画家、工芸家が結集した、明治という時代を画する記念碑的建築です。内部の各室はありとあらゆる様式をとり、室内は荘厳な絵画や彫刻、工芸品で圧倒されます。たとえばその一つ、第一客室であった「朝日の間」(サロン)は、ノルウェー産の淡紅色の大理石の柱に、楕円形の枠に縁取られた天井の油絵が印象的です。天井画のテーマは「神女が玉馬に鞭《むち》うち香車を駆るの図」です。圧倒的スケールの階段ホールから展開する各室すべてがこの調子で、部屋ごとに豪華と絢爛を競い合います。また、バロック風に湾曲した翼部がゆったりと広がる外観もすばらしく、日本で最も豪奢な洋風建築であることに間違いありません。

「朝日の間」は現在、首脳会談などが行われる部屋となっている。この部屋からは、窓越しに噴水のある南庭を一望できる。

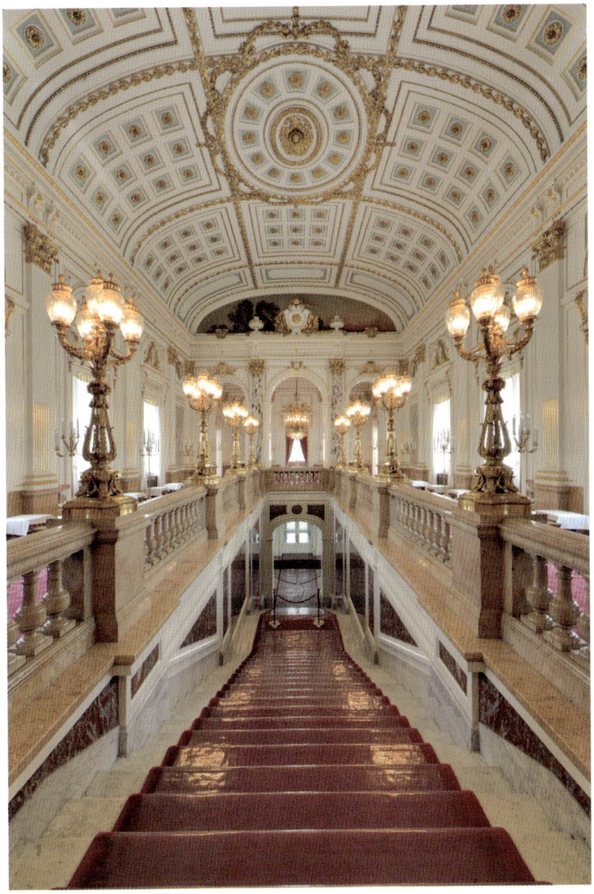

（上）圧倒的なスケールを誇る中央階段。床はイタリア産の白大理石、壁はフランス産の赤大理石のコントラストが際立ち、階上ホールは紫斑紋の大理石を用いたコリント式の円柱が並ぶ。（左）「花鳥の間」は、公式晩餐会が開かれる大食堂。壁面のパネルには七宝焼の花鳥が、格縁天井の鏡板には油絵の花鳥が舞い、公式晩餐会にふさわしいくつろぎの空間となっている。

TRIVIA

片山東熊（かたやま とうくま）

片山東熊は、工部大学校造家学科の一期生で、同期には辰野金吾《たつのきんご》、曽禰達蔵《そねたつぞう》らがいました。大学卒業後、工部《こうぶ》省を経て宮内省内匠寮に奉職し、山縣有朋《やまがたありとも》の庇護のもと恵まれた環境下に活躍した宮廷建築家です。代表作に、奈良国立博物館、京都国立博物館(p.124)、表慶館《ひょうけいかん》(p.32)などがあります。

設計者 宮内省内匠寮（片山東熊）

DATA 所在地：東京都港区元赤坂 2-1-1

アクセス：各線「四ツ谷駅」から徒歩約 7 分

見学情報：毎年 8 月に内部の一般公開（募集は 5 月と 6 月)、11 月に前庭公開を行っています。募集要項など、詳しくは HP をご確認下さい。http://www8.cao.go.jp/geihinkan/

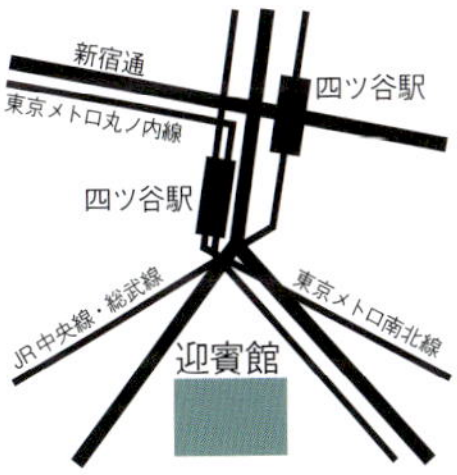

MEIJI SEIMEI KAN

お堀端にたたずむ白鳥、
丸の内のオフィスビルの白眉 重文

明治生命館

5階分を貫く巨大なコリント式の列柱が立ち並ぶ外観は、西欧の古典主義に引けを取らない迫力がある。

大空間に柱が林立し、2階にギャラリーがまわる営業室は館内で最も荘厳な空間。柱や壁はイタリア産の大理石で仕上げ、天井周辺部は、八角形の装飾パネルに華麗なロゼットとよばれる花形飾りがつく。

お堀端の日比谷通りに面して建つ明治生命館《めいじせいめいかん》は、丸の内のオフィスビル群のなかでも白眉といえる壮麗な建築。岡田信一郎《おかだしんいちろう》の設計で昭和9年に完成しました。まず見るべきは皇居のお堀に面した外観。石積み風の基壇、大オーダーのコリント式の列柱を並べた主要階、窓をリズミカルに連続させた屋階の3層構成となっています。こうした構成は古典的な様式建築の定法ですが、この建物が優れているのは、5階分を貫き通した巨大な列柱に引けを取らないよう、両隅と屋階を2段に分節してバランスをとるデザイン処理の巧みさにあります。営業室をはじめとした内装も華麗で、全体のプロポーションの良さ、繊細な装飾などは卓抜したものがあり、明治以来の様式建築習熟の頂点に立っています。明治生命館は、様式の鬼才と謳われた岡田の遺作にして最高傑作です。

TRIVIA

岡田信一郎（おかだ しんいちろう）

岡田信一郎は様式の奇才とよばれ、古典主義を中心に和風意匠まで自在にこなした名手でした。代表作に明治生命館のほか、大阪市中央公会堂（p.128）の原案や、鳩山一郎邸、ニコライ堂（p.20）の震災復興などがあります。

設計者 岡田信一郎

DATA 所在地：東京都千代田区丸の内2-1-1
アクセス：JR「東京駅」、「有楽町駅」から徒歩約5分。東京メトロ千代田線「二重橋前駅」直結
見学情報：開館時間　土・日曜 11：00～17：00、水～金曜　16：30～19：30 ※水～金曜（祝日は除く）は、2階の一部と1階ラウンジのご案内になります／休館日　年末年始、ビル電気設備定期点検日

（上）1階ロビー。広々とした空間にトップライトからの光が降り注ぐ。天井の梁型には細かい歯飾り、卵鏃《らんぞく》飾り（卵形と鏃《やじり》形を交互に並べた模様）などの連続彫刻で精緻な装飾をつくる。（左下）外壁に並ぶジャイアントオーダーの頂部を飾るコリント式の柱頭飾り。アカンサスの葉飾りをまとった姿は、古典主義のお手本のよう。（右下）2階食堂。緩やかなアールが印象的な梁や天井の周囲には石膏レリーフが施され、ブドウとツタをモチーフとしている。

TOKYO STATION

東京の表玄関、皇居の正面に鎮座する
赤レンガのステーション 重文

東京駅

東京駅は、皇居和田倉門《こうきょわだくらもん》から東へ一直線に延びる通称「行幸通り」の正面に位置しています。大正3年の竣工で、辰野金吾《たつのきんご》が葛西萬司《かさいまんじ》と開設した辰野葛西事務所が実施案をまとめました。最大の見所は、皇居に向かって西に面した間口335メートルにもわたる長大な建物を、赤レンガと白石のミックス、多彩な屋根飾りという、辰野式でまとめあげたことです。具体的には、外壁は化粧レンガ張りで、腰石、窓台、まぐさなどに花崗岩を用い、柱型、開口部まわり、ボーダーなどは擬石塗《ぎせきぬ》りで仕上げています。屋根も、中央の大屋根と左右のドームでバランスをとり、ドーマー窓（屋根窓）やランタンなどを細かく配して賑やかに飾り立てています。戦災で3階部分や左右のドームが失われていましたが、このほどの改修工事で建築当初の姿に復元されました。辰野金吾の集大成ともいうべき建物です。

設計者 辰野金吾
DATA 所在地：東京都千代田区丸の内 1-9-1
アクセス：JR「東京駅」下車すぐ

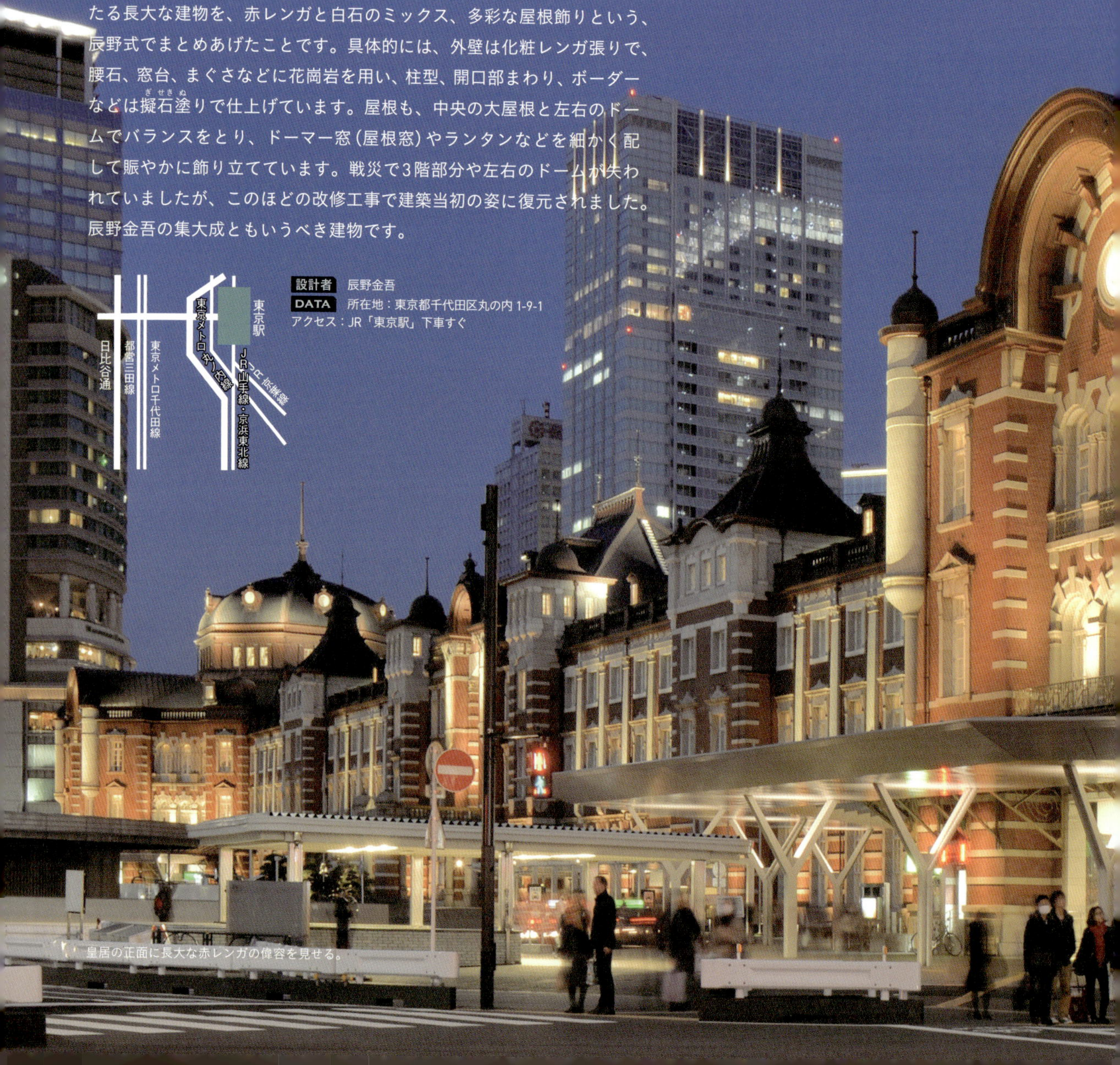

皇居の正面に長大な赤レンガの偉容を見せる。

JIYUGAKUEN MYONICHIKAN

フランク・ロイド・ライトのデザインが
隅々まで行き届いた自由の学び舎 重文

自由学園明日館

ホール正面庭側の開口を見る。
スリット状に区切られた縦窓に、
桟が縦横斜めに走り、ライト特
有の幾何学デザインを形づくる。

018

食堂。船底天井から下げられた板材を組み合わせた照明もライトのデザインである。

自《じ》由学園明日館《ゆうがくえんみょうにちかん》は、婦人之友社の創業者である羽仁《はに》もと子による新しい教育の場「自由学園」の校舎として大正10年から使用されています。設計は世界的に著名なアメリカ人建築家、フランク・ロイド・ライト。木造で漆喰《しっくい》塗《ぬ》りという簡素な仕上げながらも、中央のホールと食堂を中心に、南庭を囲むように東西に教室群が配され、穏やかな学びの場をつくりだしています。内部の見所はホールと食堂。ホールは庭側に天井まで届く大きな開口を設け、4本の太い柱で5つのスリットに区切り、窓の桟《さん》でライト特有の幾何学デザインが描かれています。食堂も、室内の壁や天井を板材の線が幾何学的な模様を描き、開口も桟が縦横に縁取られるなど、ライトらしさがあふれる空間となっています。どの場所に立ってみても、ライトとしかいいようのないシーンの連続で、デザインの密度が極めて高い建築です。

TRIVIA
日本におけるライト

日本におけるライトの建築として名高いものには、玄関部が明治村に移築された帝国ホテル(p.104)があります。大正5年、このホテルの設計のためにライトは来日し、これを期に明日館など12件の建築設計を行いました。帝国ホテルの現場でライトの薫陶を受けた遠藤新《えんどうあらた》やA.レーモンドらは、その後もライト風の建築をつくりました。教室群の向かいにある講堂は遠藤新の設計です。

(左上) 各建物の外観は、屋根の勾配を緩く、軒の出を深くし、外壁の上部に木材で水平に線をめぐらすことで水平方向の伸びやかさを強調したデザイン。(右上) 木の見切材による区画は、天窓、開口、壁を問わず縦横に入り、絵画のように各面を切り取る。(下) ホール。庭の反対側は暖炉を中心とした天井の低い空間で、上部はギャラリーとなっている。正面は、学園の生徒が描いた旧約聖書「出エジプト記」の壁画。

設計者 フランク・ロイド・ライト
DATA 所在地：東京都豊島区西池袋 2-31-3
アクセス:JR「池袋駅」メトロポリタン口から徒歩 5 分。または JR「目白駅」から徒歩 7 分
見学情報：10：00 〜 16：00（15：30 までの入館）◆夜間見学◆毎月第 3 金曜日 18:00 〜 21:00（20:30 までの入館）◆休日見学◆ 10:00 〜 17:00（16:30 までの入館）／休館日　毎週月曜日（月曜日が祝日または振替休日の場合は、その翌日）、年末年始／入館料　一般 400 円（喫茶付き 600 円）

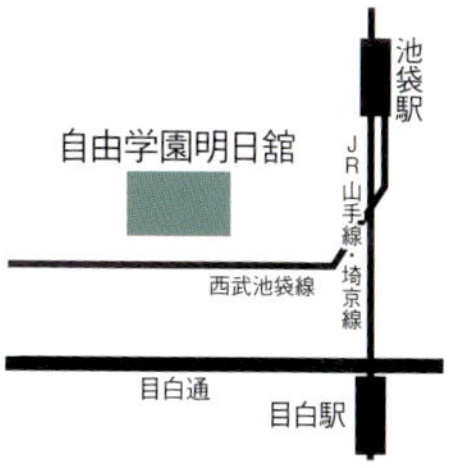

NIKOLAI-DO

大ドーム屋根が特徴的な
日本初かつ最大級のビザンチン様式の教会 重文

ニコライ堂

（日本ハリストス正教会教団 東京復活大聖堂）

聖堂内部。中央部の四方にアーチを架け、各隅からペンデンティブとよばれる三角の球面（イチョウの葉の形をした部分）を迫り出し、中央の大ドームを支える。正面は装飾豊かなイコノスタシス（聖障）とよばれるイコンで覆われた壁。

緑青の銅板葺きの八角ドームが印象的な外観。正面中央はオジーアーチの開口を上下に重ね、上部には鐘楼を掲げる。2階には2連を単位としたオジーアーチの開口が並ぶ。

ドーム下に連続させた小アーチも、デザイン上の特徴となっている。ただしこのドームの意匠は岡田信一郎の震災復興によるもの。

ニコライ堂は幕末にロシアから来日したニコライ大主教により、正教会《せいきょうかい》の聖堂として建てられたものです。明治24年の竣工で、原設計をロシア人シチュールポフが作成し、ジョサイア・コンドルが実施設計を行いました。正教会の聖堂の特徴でもあるギリシャ十字の平面をもち、中央には高さ35メートルにおよぶ八角ドーム屋根を載せています。内部は中央部の四方に大アーチを架け、各隅からペンデンティブを迫《せ》り出してドームを支える、日本初にして最大級の本格的なビザンチン様式の教会建築です。ドーム下のオジーアーチの連続も目を引きますし、聖堂正面には正教会の特徴である装飾豊かなイコノスタシス（イコンで覆われた壁）を配しています。ただし、現在のドームや鐘楼《しょうろう》などは、関東大震災後の復興で当初の形状から変更されました。復興設計を担当したのは岡田信一郎《おかだしんいちろう》です。

同じ敷地内、大聖堂の向かいに建つ教団の施設は、竣工が明治7年とニコライ堂よりも古い。

TRIVIA

ジョサイア・コンドル

実施設計を手がけたコンドルはロンドン出身の建築家で、お雇い外国人として来日し、政府関係の建物の設計を手がけました。また工部大学校の教授として、辰野金《たつのきん》吾《ご》ら草創期の日本人建築家を育成しました。のちに民間で設計事務所を開き、多数の作品を残しました。主要作に岩崎久彌邸《いわさきひさやてい》や綱町三井倶楽部《つなまちみついくらぶ》（p.40）などがあります。

設計者 ジョサイア・コンドル（原設計　シチュールポフ）

DATA 所在地：東京都千代田区神田駿河台 4-1

アクセス：JR「御茶ノ水駅」聖橋口から徒歩 2 分

拝観時間：4 〜 9 月　13：00 〜 16：00、10 〜 3 月　13：00 〜 15：30 ／拝観献金（一般 300 円）をお願いしています。

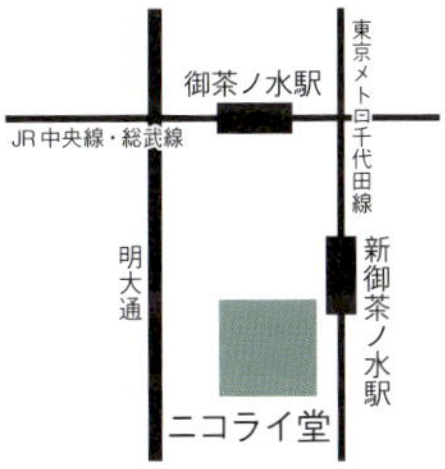

TSUKIJI HONGWAN-JI

インド風の外観に
真宗本堂を包み込む異形の本堂 重文

築地本願寺

外観は、1階を基壇に見立てた石張り、2階以上はモルタルに目地を切って石造風に見せ、建物全体としては3層構成となっている。ここにインドの古代寺院に着想を得た細部意匠を自在に配し、独特の外観を生み出している。

伊東は、自作に妖怪や東西の空想上の動物などを挿入することでも知られている。写真は左から正面玄関の翼の生えた獅子／階段壁面の猿／階段親柱の象／同鳥。猿、象、鳥は仏教説話「三畜評樹」に登場する動物でもある。

2階の大本堂は、伝統的な真宗本堂の形式を踏襲し、写真奥の内陣は柱、壁、欄間彫刻に金箔を貼って荘厳な雰囲気に。柱や梁はコンクリート製だが、組物や蟇股（かえるまた）などは木製である。

築《つき》地本願寺《じほんがんじ》は、浄土真宗本願寺派《じょうどしんしゅうほんがんじは》の関東における拠点寺院です。現在の本堂は建築史家の伊東忠太《いとうちゅうた》の設計で昭和9年に建てられました。構造は鉄筋コンクリート造ですが、石造風の外観をもち、インドの古代仏教建築の細部や要素を組み合わせています。日本では前例のない、異形の本堂です。具体的には、中央正面にインド石窟寺院風の向《ご》拝《はい》*をつけ、上部の巨大な尖頭型《せんとうがた》ヴォールト屋根には蓮華《れんげ》紋と唐草紋を飾り、さらに両翼上部にはストゥーパ形の塔屋を載せています。伊東忠太は、日本で初めて建築史を体系化した人として著名です。また、日本建築の源流を求めて中国、インドからヨーロッパへと至る旅に出、そこから着想を得た意匠を自らの作品に取り入れました。築地本願寺は規模においても構想においても、伊東の代表作となっています。

＊向拝…社殿や仏堂の正面の庇《ひさし》を張り出させた部分

設計者 伊東忠太

DATA 所在地：東京都中央区築地 3-15-1
アクセス：東京メトロ日比谷線「築地駅」から徒歩約1分
本堂参拝時間：4月～9月　6：00～17：30
10月～3月　6：00～17：00

階段室。手摺はストゥーパを囲む玉垣《たまがき》に似せ、親柱には獅子と馬が鎮座する。

TRIVIA
伊東忠太（いとう ちゅうた）

伊東忠太は、築地本願寺のほかにも平安神宮《へいあんじんぐう》、一橋大学兼松講堂《かねまつこうどう》、大倉集古館《おおくらしゅうこかん》(p.44)、真宗信徒生命《しんしゅうしんとせいめい》保険会社本館《ほけんがいしゃほんかん》など多数の実作があります。真宗信徒生命保険会社本館では、ゴシックを基調に、インドや日本の伝統的な意匠を組み込むなど、あらゆる国と時代のデザインが混ざり合う、不思議な、しかし魅力あふれる建物を生み出しました。

TOKYO NATIONAL MUSEUM (MAIN BUILDING)

本瓦葺きの切妻屋根が美しい文化財の宝庫 重文

東京国立博物館 本館

西洋風の躯体に瓦屋根を載せた帝冠様式のスタイル。設計競技の募集要項にも「日本趣味を基調とした東洋式」とあり、日本をはじめ東洋の古美術を収蔵する博物館にふさわしいデザインになっている。

東京国立博物館本館（旧東京帝室博物館本館）は、昭和12年の竣工で、設計競技に一等当選した渡辺仁《わたなべじん》の案をもとに、宮内省《くないしょう》内匠寮《たくみりょう》が実施設計にあたりました。半地下の基壇に、主階層、高窓層の古典的な3層構成をとり、その上部に本瓦葺きの大きな切妻《きりつま》屋《や》根《ね》を架けた、いわゆる帝冠様式（p.115）のデザインです。テラコッタの高欄をまわすなど和風意匠が取り入れられていますが、渡辺自身、インドネシアの民家をヒントにしたといい、東洋風のテイストも感じられます。ただし、宮内省内匠寮の手にかかれば、その空間構成と装飾に一切の揺るぎのない、洗練を極めた意匠に仕上がるのです。一番の見所は2層を吹抜けとした階段ホールで、全面を大理石張りとし、要所に繊細な装飾を配した壮麗な空間となっています。日本最大の文化財の宝庫であり、文化施設が集積する上野にあって、その中心たる風格を備えた博物館です。

階段ホールは2層を吹抜けとした壮大な空間で、トップライトから光が降り注ぐ。全面を大理石張りとして、観覧の気分を高揚させるに充分な壮麗さを誇る。

(右) 階段の踊り場。左奥にはステンドグラスが見える。
(下) 本館ラウンジ。宝相華《ほうそうげ》文様の壁や扉の多弁状のガラス枠に東洋風意匠が使われている。扉の外にはテラスが広がる。

TRIVIA

渡辺仁(わたなべ じん)

渡辺仁の作風は、古典的な様式建築をはじめとし、帝冠様式、アールデコなど多岐にわたります。いずれも破綻無くまとめ、その腕は名人芸の域に達していました。設計競技にも長け、東京国立博物館のほか、多くのコンペで入賞、入選しています。服部《はっとり》時《と》計店《けいてん》、原美術館、ホテルニューグランド(p.56)など多数の作品があります。

設計者 宮内省内匠寮(原設計　渡辺仁)
DATA 所在地：東京都台東区上野公園 13-9
アクセス：JR「上野駅」公園口から徒歩約 10 分
見学情報：9:30 〜 17:00(入館は 16:30 まで)
※時期により変動あり／休館日　毎週月曜日(休日の場合は翌日)、年末年始／入館料　一般 620 円／展示のスケジュールなどは HP にてご確認下さい。http://www.tnm.jp/

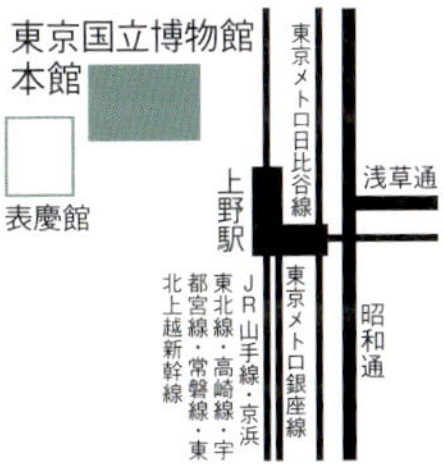

HYOKEIKAN

気品に満ちた壮麗なネオバロック様式の美術館 重文

表慶館

外観。大ドームに翼廊（よくろう）を広げたバロックの構成。正面入口に鎮座する２頭の青銅製ライオンは、狛犬のように右左の対で阿吽（あうん）となっている。

２階のギャラリーを囲むイオニア式の円柱や手摺などは、整然とした比例構成をもち、１階から見上げる空間は壮観。

〈写真提供：東京国立博物館〉

表《ひょう》慶館《けいかん》は皇太子（のちの大正天皇）の成婚を記念して明治41年に建てられた美術館です。設計は宮内省内匠寮《くないしょうたくみりょう》で、片山東《かたやまとう》熊《くま》が指導にあたりました。外観は、中央に大ドームを載せ、左右に花崗岩を張った重厚な2層の翼廊《よくろう》を伸ばした壮大なネオバロックの構成です。両翼の壁面は、1階は窓を開け、2階は柱型をつくり、小壁には楽器や製図用具、工具などのレリーフが飾られています。内部は中央部が吹抜けのホールで、2階は8本の大理石の柱を円形に並べ、その周囲はギャラリーになっています。床は幾何学模様のモザイクタイルを張り、見上げればドームは色漆喰で精緻な装飾が施され、月桂樹の葉で縁取りをした絵は、まことに秀麗。洗練された意匠をもつ、気品に満ちた美術館です。

設計者 宮内省内匠寮

DATA 所在地：東京都台東区上野公園 13-9 東京国立博物館構内
アクセス：JR「上野駅」公園口から徒歩約 10 分
見学情報：特別展・イベント開催中のみ開館／展示のスケジュールなどは HP にてご確認下さい。
http://www.tnm.jp/

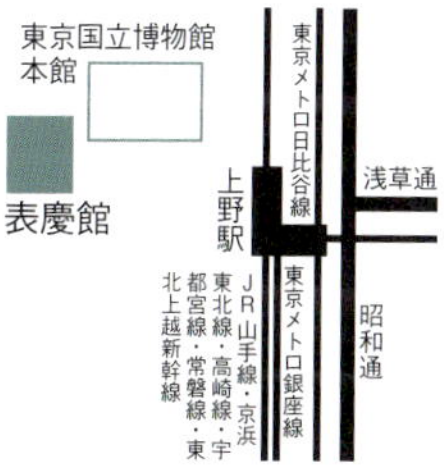

NIHON KOGYO CLUB KAIKAN

丸の内に建つ日本工業界のシンボル的建築 登録

日本工業倶楽部会館

正面中央パラペット上部の人像彫刻は、当時の二大工業（石炭と紡績）を表している。

036

日《に》本工業倶楽部会館《ほんこうぎょうくらぶかいかん》は、当時の実業家たちの交流施設として大正9年に竣工した倶楽部建築(p.43)。東京駅前の角地に位置し、設計は横河工務所《よこがわこうむしょ》の松井貴太郎《まついきたろう》が担当しました。外観は、正面玄関前にドーリックの円柱を立てるほかは、シンプルな幾何学的構成で、当時流行したセセッションという手法を巧みに取り入れた建物です。一方、内装は倶楽部建築らしく、各階の中心となる広間とそれらを一体的につなぐ階段の構成や、談話室や貴賓室、そして、大ホール、大食堂といった壮麗な大空間が魅力的です。平成15年に耐震工事を含めた改修工事を実施し、建築当初の姿がよみがえりました。丸の内という一等地に建つため、改修工事に合わせて開発された背後の高層ビルが、この建物に覆い被さるように建っていることも特徴といえるでしょう。

3階の広間とそれらを一体的につなげる階段。広間周囲には条溝を施したイオニア式の柱が並び、天井は漆喰の格天井である。

（上）大ホール入口。出入口の脇にイオニア式の双子柱を備え、上部にアーチを架け、両肩に楕円状飾りのレリーフが置かれている。双子柱は黒っぽい大理石張りで白漆喰の壁との対比が際立つ。（下）階段室。中央の大階段を上り、踊り場を介して両脇に振り分ける。踊り場には欄間部分をステンドグラスとした窓がある。

TRIVIA

セセッション

もともとはセセッション（ウィーン分離派）の工芸作品を特徴づける幾何学的意匠や渦巻をもつデザインを意味します。建築の分野では、全体的な骨格は古典的な様式建築のまま、細部意匠を省略あるいは幾何学化し、建物を軽快かつ清新なものに見せる手法として大正から昭和初期にかけて流行しました。

設計者 横河工務所（松井貴太郎）

DATA 所在地：東京都千代田区丸の内1-4-6

見学情報：会員制のため、会員または会員の紹介がないと使用できません。

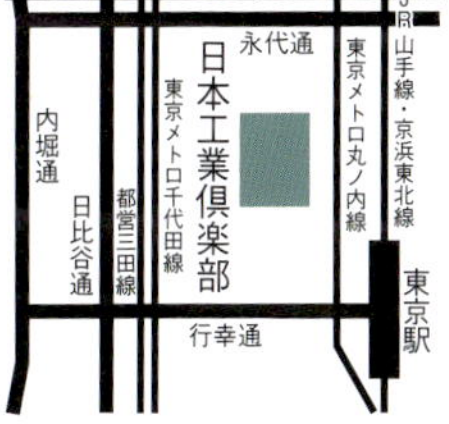

NIHON SEIMEI HIBIYA BUILDING

天井に無数のアコヤ貝が輝く幻想的劇場

日本生命日比谷ビル

（日生劇場）

保険会社のオフィス空間と1300席あまりの劇場からなる複合施設。村野藤吾《むらのとうご》の設計で、昭和38年に竣工しました。ルネッサンス期の邸宅のような、柱や窓まわりに様式建築のディテールを施した外観も渋みがありますが、圧巻はやはり劇場内部。ガラスモザイクを張った壁、アコヤ貝で覆われたうねる天井面は、まるで生物の体内にいるような幻想的な空間で、非日常をたっぷりと味わえます。客席に向かう途中も、ホワイエはアールデコ然としたアルミの天井で構成され、ホワイエからロビーにつながる螺旋《らせん》階段は空中に浮かぶようで、観劇の気分を高めてくれます。時代は単純明快なモダニズム建築の全盛期でしたが、あえて時代の風潮に全力で逆らうかのような姿勢によって真の名作をつくり上げた、建築家村野藤吾の矜持がうかがえる建物です。

日生劇場内部。2 万枚ものアコヤ貝の貝殻が散りばめられた天井がうねる幻想的な空間。ただし、客席の天井や壁の曲面は、音響効果を追求した結果でもある。実際、この劇場の卓越した音響効果には定評がある。

ロビーは 3 層吹抜けで、楕円状に開けた上階のギャラリーと、ホワイエにつながる螺旋階段が空間のアクセント。

御影石を張った重厚かつ静謐な外観は、幾多の村野作品のなかでも際立って古典主義的な骨格をもっている。

設計者 村野藤吾

DATA 所在地：東京都千代田区有楽町 1-1-1

アクセス：各線「日比谷駅」A13 出口から徒歩 1 分

見学情報：見学については要問い合わせ。HP の「よくあるご質問」をご確認下さい。http://www.nissaytheatre.or.jp/

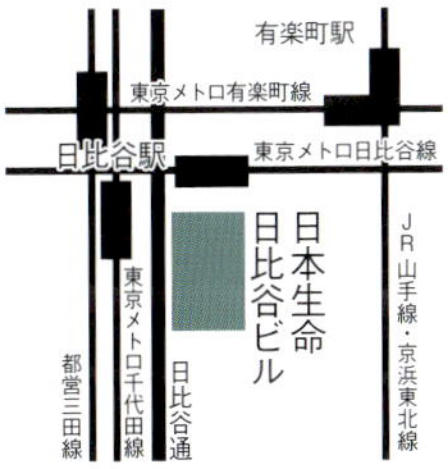

TSUNAMACHI MITSUI CLUB

優雅なバロック風ファサードをもつ
倶楽部建築の最高傑作

綱町三井倶楽部

庭園側からの外観。ベランダ1階にトスカナ式、2階にイオニア式の柱を立て、柱間を半円アーチでつなぐ姿は堅実なルネッサンス様式を基調とするが、中央部を曲面状に張り出すところにバロックへの意欲がうかがえる。

1階から楕円状にくり抜かれた2階の吹抜け部分を通して上部を見る。ドーム天井のステンドグラスが美しい。

（上）楕円状の吹抜けと奥の階段ホールの構成が見事。（下）1階大食堂。ベイウィンドウの張り出しや、日本の伝統意匠を浮彫りにした白大理石のマントルピース、腰の布張り、天井のシャンデリアなど、豪華さが際立つ。

三《み》田綱町《たつなまち》の広大な敷地に建つ、三井グループの会員制倶楽部。鹿鳴館《ろくめいかん》や岩崎邸などの設計で知られるジョサイア・コンドルの作品として大正2年に完成しました。外観は、とくに庭園側のデザインに優れ、1、2階のベランダの中央部を曲面状に張り出し、軒の中央に円弧状ペディメントを立ち上げて円窓を飾るなど、バロック的な構成になっています。構造はレンガ造ですが、外壁にタイルを張り、白く清新な印象を与えています。内部の一番の見所は、吹抜けのホールとステンドグラスをはめたドーム天井。そのほかにも階段ホールの構成や、各室の優雅な室内装飾など見るべきものが多く、コンドル作品のなかでも内部空間の秀逸さが光る建物です。なお、ドーム天井をはじめとしたステンドグラスの図柄や、建物と調和した洋風庭園もコンドルの設計です。

TRIVIA

倶楽部建築

倶楽部建築は、社交や親睦を目的とした会員制クラブのための施設です。壮麗な内装や豪華な調度品を備えた食堂や社交室をもち、質の高い食事や接客サービスを提供します。多くは綱町三井倶楽部のように会員のみの利用に限られています。

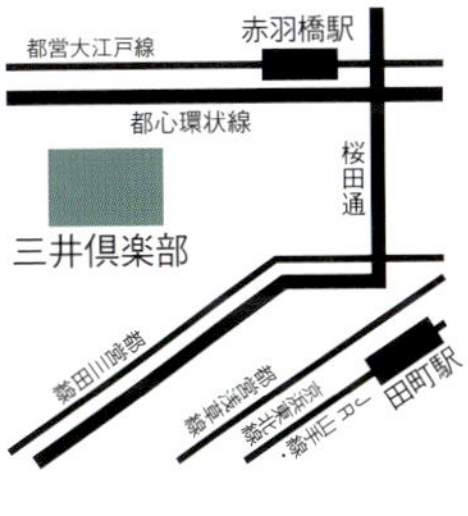

設計者 ジョサイア・コンドル

DATA 所在地：東京都港区三田2-3-7

見学情報：非公開

OKURA MUSEUM OF ART

実業家大倉喜八郎が設立した
異国情緒漂う美術館 登録

大倉集古館

展示室。天井のレリーフ、柱上部の持ち送りなど、多彩な装飾が展示空間を埋める。

大《おお》倉集古館《くらしゅうこかん》は、実業家の大倉喜八郎《おおくらきはちろう》が生涯をかけて蒐集した古美術品を収蔵する施設。伊東忠太《いとうちゅうた》の設計で昭和2年に竣工しました。外観は、1階を石垣風に積んで5連のアーチを並べ、2階は吹き放しの列柱として高欄付きの縁を跳ね出し、左右に六角窓を開けています。屋根は寄棟造の大屋根で、軒反りは強く、鮮やかな緑青の屋根瓦を載せるなど、中国建築を意識しつつも、どこか無国籍な情緒をたずさえた建物です。内部の展示室は、柱と梁が直線で交差する、一見西洋風の構成ですが、天井の雲《うん》龍《りゅう》を主体とした多様なレリーフ、柱上部の組《くみ》物《もの》をモチーフとした持ち送りなど、展示された美術品に呼応するような、多彩な装飾が施されています。ほかにもよく見れば、天井に龍、組物に吻《ふん》など、幻獣のたぐいがちりばめられ、独特の展示空間を演出しています。

（左）2階の廊下。中国建築風に格天井を張る。柱間に建て込まれた幾何学的な模様の建具も中国風。（右）階段親柱の獅子。（下）大陸の異国情緒ただよわせる外観。屋根の上にも吻とよばれる幻獣が載る。

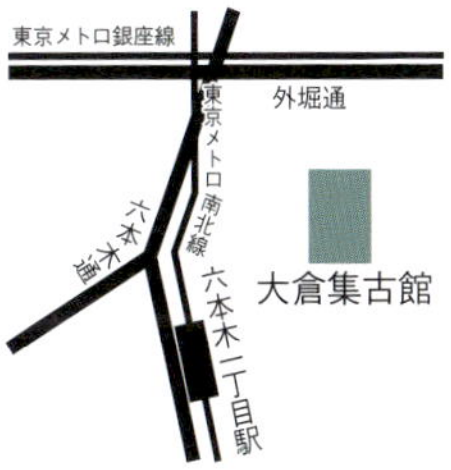

設計者 伊東忠太

DATA 所在地：東京都港区虎ノ門2-10-3

アクセス：東京メトロ南北線「六本木一丁目駅」から徒歩5分

見学情報：施設改修工事のため2019年春（予定）まで休館中

TOKYO WOMAN'S CHRISTIAN UNIVERSITY CHAPEL

コンクリートブロックと色ガラスで
幻想的な空間を生み出す教会堂 登録

東京女子大学 チャペル

柱やヴォールト天井に見られるコンクリートの打ち放しは当時最先端の表現。ここに色ガラスの光だけで荘厳な空間をつくり出した。

TRIVIA
アントニン・レーモンド

レーモンドは、師であるフランク・ロイド・ライトとともに来日し、独立して日本で設計活動を進めました。初期の作品はライトの影響が強かったのですが、やがてモダニズムを取り入れ、木やコンクリートなどの素材と空間構成にこだわった作品を多数生み出しました。作品にペイネ美術館、群馬音楽センターなどがあります。

設計者 アントニン・レーモンド
DATA 所在地：東京都杉並区善福寺 2-6-1
アクセス：JR「西荻窪駅」より徒歩 12 分。JR･京王井の頭線「吉祥寺駅」よりバスで「東京女子大前」下車すぐ。西武新宿線「上石神井駅」よりバスで「地蔵坂上」下車 5 分。
見学情報：一般見学は指定日のみ（03-5382-6340）。

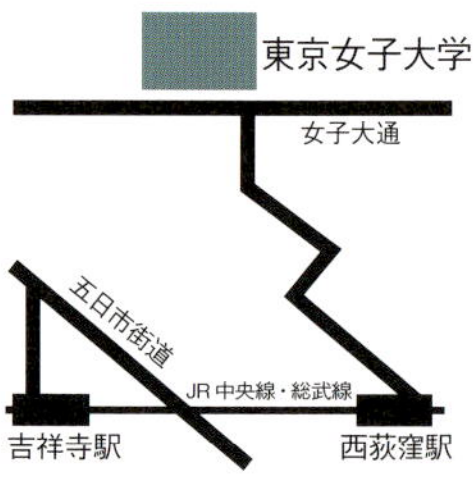

外壁も幾何学的なコンクリートブロックでトレーサリー（透かし模様）を表現し、正面の尖塔とともにゴシックの様相を示す。現在は白ペンキ塗りだが、当初は外部も打ち放しで、さらに重厚なイメージであっただろう。

（上）本館の開口。開口部中央の窓の桟はライト風の幾何学模様。（下）キャンパス計画の初期に建てられた本館。軒の深い方形屋根の中心部があり、両脇に翼部を伸ばして水平線を強調するなど、師ライトの雰囲気が色濃く出ている。

東京女子大学が武蔵野《むさしの》の現在地にキャンパスを移転したとき、全体計画はアントニン・レーモンドに委ねられました。レーモンドはキャンパスの配置計画から個々の建物の設計までを行い、礼拝堂はその掉尾《ちょうび》を飾って昭和13年に竣工しました。デザインは、レーモンド自らがいうように、フランス人建築家、A.ペレーのランシーのノートルダム教会を模範とし、ゴシックの教会堂の構成をコンクリートの打ち放しで表現するという新たな作風への挑戦でもありました。手法的にはコンクリートの柱の間に、幾何学的な透かし模様のコンクリートブロックをいれ、そこに色とりどりのガラスをはめるという、比較的単純なものです。しかし、この色ガラスを通した光がなんとも幻想的な雰囲気をつくり、ゴシックの象徴性と、モダンな幾何学の造形美を兼ね備えた、新しい表現＝建物が生まれたのです。

THE KEIO UNIVERSITY LIBRARY (OLD BUILDING)

チューダーゴシックで彩られる
図書館建築の傑作 重文

慶應義塾図書館旧館

ゴシックの特徴をよく示すこの建物は、慶應義塾大学三田キャンパスのシンボルとなっている。ゴシックは、アメリカなどの歴史ある大学キャンパスに多く採用されたスタイル。

（上）玄関ホールと階段の間に配された、ゴシックに特有の尖頭アーチによるスクリーン。深緑色の大理石で覆われ重厚感を演出する。（下）踊り場のステンドグラスは高さ 6.5 メートル、幅 2.6 メートルという大きなもので、原画は洋画家の和田英作、製作は我が国のステンドクラス製作の第一人者小川《おがわ》三知《さんち》。

慶《けい》應《おう》義《ぎ》塾《じゅく》図《と》書館《しょかん》は、慶應義塾創設50周年を記念して建てられたものです。戦前最大の建築事務所であった曽《そ》禰《ね》中條《ちゅうじょう》建築事務所の設計で、明治45年に竣工しました。チューダーゴシックの秀作とされ、赤レンガと花崗岩、テラコッタで構成された壁面はいまなお色鮮やかで、連続する尖頭アーチがゴシックの特徴をよく示しています。ほかにもバットレス、束柱、フィニアル（小尖塔の頂上の飾り）などのディテールはすべてゴシックに由来するものです。内部は、玄関ホールと階段室の間に、三連の尖頭アーチによるスクリーンが配されるなど重厚な空間です。また、階段踊り場のステンドグラスは目を引く大きさで、白馬から降りた武士が西洋の女神を迎え入れる構図はユニークなもの。最下部に書かれたラテン語、“Calamvs Gladio Fortior”（ペンは剣よりも強し）は、エンブレムにも示されている慶應義塾を象徴する成句です。

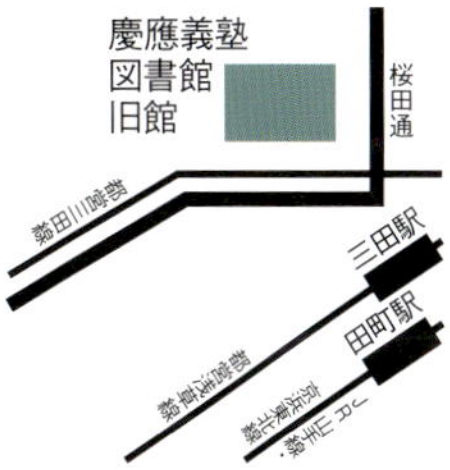

設計者 曽禰中條建築事務所
DATA 所在地：東京都港区三田 2-15-45
慶應義塾大学三田キャンパス内
アクセス：JR「田町駅」より徒歩 8 分
見学情報：ステンドグラス以外の図書館内の見学はできません。

WASEDA UNIVERSITY
OKUMA AUDITORIUM

無数の星が天井に輝く宇宙空間 重文

早稲田大学
大隈記念講堂

大講堂内部。宇宙・天体を表現したという天窓、星のように乱舞するスポットライト、大きくカーブした壁面など、設計者の個人的な感性が存分に発揮されたデザイン。

1階ロッジア（片側が外部に開放された廊下）。交差ヴォールトの天井や三つ葉アーチの窓など、中世寺院の回廊を想わせるデザイン。

大《おお》隈記念講堂《くまきねんこうどう》は早稲田大学創立45周年を記念し、昭和2年に竣工しました。外壁はクリーム色のタイルを張り、基壇は新小松石《しんこまついし》で、軒蛇腹《のきじゃばら》や窓まわりは黄色の大型のテラコッタで仕上げられています。教会堂を思わす塔や、正面の三連の尖頭アーチなど、全体の基調はゴシックですが、軒下にロンバルディア帯（壁面を装飾するフリーズの一種）をまわすなどロマネスクの意匠も取り入れています。大講堂内部は、大きくカーブした壁面や、宇宙・天体を模様化したという天窓をはじめ、当時流行した表現派風の、個人的な表現意欲に根ざした意匠が冴え渡り、それがこのホールの魅力となっています。しかし、支柱のない2階席や、壁の曲面、客室の傾斜など、空間を決定づける要素は当時最新の音響学の研究成果にも基づくものです。設計者の一人佐藤武夫《さとうたけお》は、のちに建築音響学の大家となりますが、その原点となった作品です。

外観。早稲田大学の顔ともいうべき著名な建物。塔は、わざと位置をずらして隅に据えるなど見え掛かりを重視した表現になっている。

TRIVIA

早稲田大学の建物

早稲田大学は大隈重信《おおくましげのぶ》が明治15年に開設した東京専門学校を前進とし、明治35年に発足しました。大隈記念講堂のほかにも、劇場を模したチューダーゴシックの坪内博士《つぼうちはかせ》記念演劇博物館や、表現派風の會津八一《あいづやいち》記念博物館などの歴史的な建物が残り、キャンパスの歴史に厚みを与えています。

ホールへの階段に連なるロビー。船内のような丸窓や端部を縁取る手法はアールデコにも通じるもの。

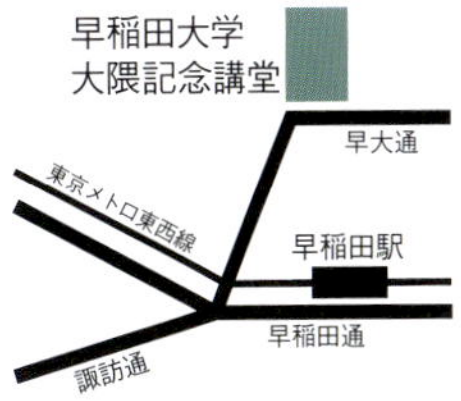

設計者 佐藤功一、佐藤武夫

DATA 所在地：東京都新宿区戸塚町 1-104
早稲田大学構内
アクセス：東京メトロ東西線「早稲田駅」から徒歩5分。各線「高田馬場駅」から徒歩20分。都バス「早大正門」すぐ。
見学情報：見学には事前申し込みが必要です。
詳細はHPをご確認下さい。
http://www.waseda.jp/top/about/work/campus-tours

HOTEL NEW GRAND

マッカーサー元帥も滞在した横浜を代表する国際ホテル

ホテルニューグランド

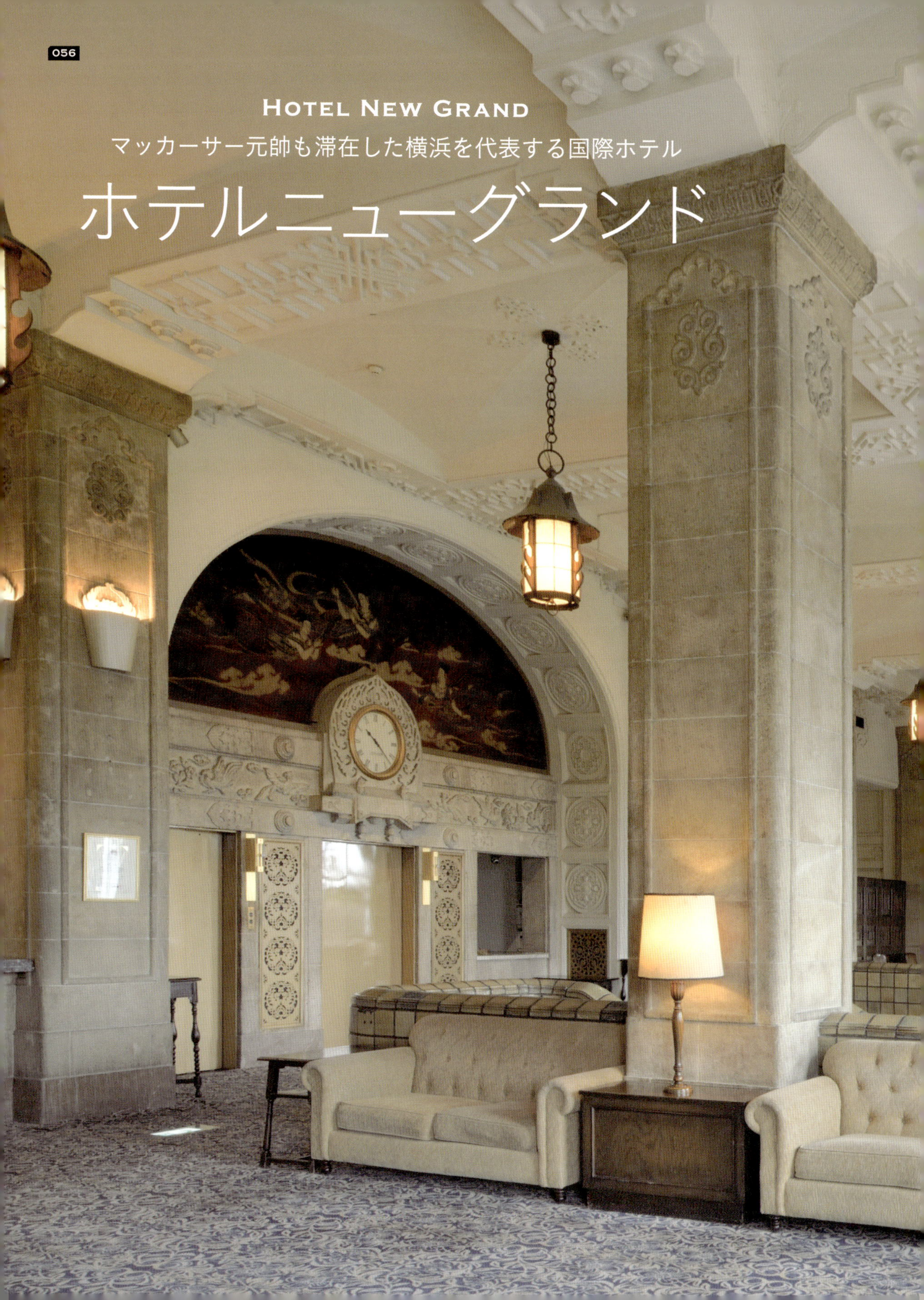

ホワイエには、開業当時から大切に使用されている横浜家具が並び、歴史あるホテルの空間にさらなる厚みをもたらす。

ホテルニューグランドは、東京国立博物館《とうきょうこくりつはくぶつかん》(p.28)や第一生命館《だいいちせいめいかん》などで知られる渡辺《わたなべ》仁《じん》の設計で、昭和2年に開業しました。外観は各階にそれぞれ半円アーチと矩形の窓を並べた落ち着いたデザインですが、内部は一転して重厚な空間が広がります。まず、玄関を入ってすぐの大階段はニューグランドのシンボル的存在で、黄土色や緑青がかった上品な色合いのイタリア製手焼タイルによって彩られ、２階のホワイエへといざないます。ホワイエは石張りの柱が林立し、梁下には幾何学的なレリーフが施されたくつろぎの空間。エレベーター周囲にアーチをまわし、欄間に「天女奏楽《てんにょそうがく》之《の》図《ず》」を描くなど和風の意匠も見られます。各場所とも、基本的なデザインは洋風ですが、和風意匠を巧妙にしのばせることで外国人に日本的な印象をもたらします。設計者のデザインのうまさが際立つホテルです。

大階段から2階の主要階へと続く西洋風の構成ながら、エレベータ欄間に「天女奏楽之図」を描き、天井から東洋風の灯籠を吊るなど、和洋の美がミックスされている。

（上）ロビーは落ち着いたダークブラウンのケヤキ材の柱が並び、やわらかな照明と相まって、重厚な空間となっている。（左）外観。緩やかなアールを描く東角には、竣工年を記した円窓がはまっている。

TRIVIA

ホテルニューグランドに宿泊した著名人

日本各地にいくつか残るクラシック・ホテルの代表格で、横浜の山下公園前のランドマークとして親しまれています。連合軍司令官のマッカーサー元帥が来日直後に滞在したことをはじめ、チャーリー・チャップリン、ベーブ・ルースなど多くの著名人が宿泊しました。

設計者 渡辺仁

DATA 所在地：神奈川県横浜市中区山下町10

アクセス：みなとみらい線「元町・中華街駅」1番出口より徒歩1分

見学情報：2階ホワイエとロビーは、宴会などがない時のみ立ち入りができます。

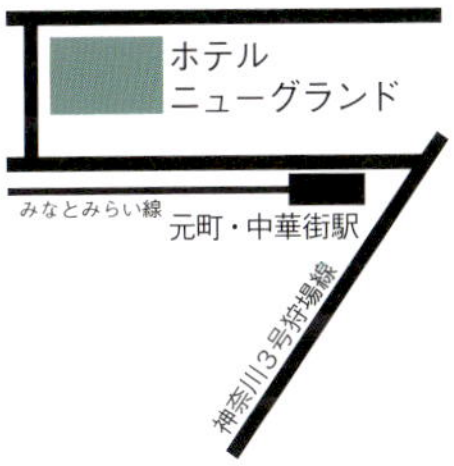

YOKOHAMA CITY PORT OPENING MEMORIAL HALL

当時流行の辰野式＋ジャックの塔を掲げた
港町横浜のランドマーク 重文

横浜市開港記念会館

061

赤い化粧レンガに白い花崗岩をボーダー状に配し、窓まわりなどの要所にも花崗岩を使った辰野式の常套手法。東南隅の高塔は「ジャックの塔」とよばれ、横浜のランドマークとなっている。

講堂内部。ヴォールト状の天井梁や壁を白漆喰とし、天井面を褐色、プロセニアム、中心飾りを金とするなど色彩のコントラストが鮮やか。中心飾りから下がるシャンデリアも美しい。

横《よこ》浜《はま》市《し》開港《かいこう》記《き》念《ねん》会館《かいかん》は、横浜開港50周年を記念し、大正6年に竣工した公会堂です。設計競技の当選案をもとに山田《やまだ》七五郎《しちごろう》が実施設計を行いました。外観は、腰《こし》石《いし》までを花崗岩《かこうがん》積みとし、1、2階を赤い化粧レンガと白い花崗岩のミックスとした辰野式の手法です。西南隅に八角ドーム、東南隅に高塔、東北隅に角ドームを掲げ、高塔を挟むかたちで南面、東面の玄関上にもそれぞれ角ドームを載せています。さらに、要所にはドーマー窓を並べるなど、大変賑やかな屋根のデザインは辰野式の衣鉢《いはつ》を継ぐものです。また、内部にも見所が多く、玄関まわりや講堂、その前の広間、資料室、特別室などの各室は一見の価値ありです。広間・控室境の壁面、特別室階段の中庭に面する窓面にはステンドグラスをはめるなど、内外とも華やかなデザインでまとめています。

本町通側の階段室。

TRIVIA

辰野式の流行

横浜開港記念会館の設計は、設計競技で選ばれた東京市技師の福田重善《ふくだしげよし》の案をもとに、山田七五郎らが実施設計を行いました。当時の設計競技の応募案を見れば、多くが赤レンガの辰野式であり、この時代の建築デザインの状況がよく反映されています。

設計者 山田七五郎（原設計　福田重善）

DATA 所在地：神奈川県横浜市中区本町 1-6

アクセス：みなとみらい線「日本大通り駅」1番出口から徒歩1分、またはJR京浜東北線・根岸線「関内駅」から徒歩10分

見学情報：10：00～16：00／休館日　毎月第4月曜日（祝日・休日のときは翌日）、年末年始／入館料　無料

2階広間のステンドグラス。画題は左から「呉越同舟《ごえつどうしゅう》」、「鳳凰《ほうおう》」、「箱根越え」。

FORMER YOKOHAMA SHOKIN BANK HEAD OFFICE

巨大ドームが圧倒的な迫力もたらす
ドイツ・バロックの傑作 重文

旧横浜正金銀行本店本館

（神奈川県立歴史博物館）

横《よこ》浜正金銀行《はましょうきんぎんこう》の本店として明治37年に竣工しました。設計は、辰野金吾《たつのきんご》や片山東熊《かたやまとうくま》と並び、明治を代表する建築家である妻木頼黄《つまきよりなか》です。妻木の作風は、留学したドイツ時代の影響が色濃く漂います。この建物も、重厚なドイツ・バロックの様相を今に伝える、彼の代表作の一つ。1、2階は石を荒く積んで基壇状にし、3階、屋階は切石積《きりいしづ》みのデザインです。正面および両隅部は、コリント式の柱頭飾りをもつ巨大な双子柱でペディメントを支え、壁面は柱型の意匠でバロック的な効果をあげています。さらに圧巻なのが頂部に載せられた八角形の巨大ドームで、ランタンを頂くこの壮大なドームがネオバロックの気風を遺憾なく発揮します。柱頭飾りをはじめとした彫刻の彫りの深さ、骨格の太さ、あくの強さがあいまって、圧倒的な存在感を放つ建物となっています。

コリント式の双子柱に巨大な八角ドームを載せた迫力満点の外観。よく見れば、ドームのリブにはグロテスクな鯱のたぐいが取り付いて下界を見下ろしているのがわかる。

設計者 妻木頼黄

DATA 所在地：神奈川県横浜市中区南仲通 5-60

アクセス：みなとみらい線（東急東横線より直通）「馬車道駅」から徒歩 1 分

見学情報：9：30 ～ 17：00（16:30 までの入館）／休館日　毎週月曜日（祝日の場合は開館）、資料整理休館日、年末年始／入館料　一般 300 円

THE MUSEUM OF MODERN ART, KAMAKURA

天井に水面の反射がゆらめく、モダニズム最良の空間

神奈川県立近代美術館 鎌倉

テラス。池を介してピロティまで光が入り込んでくるため、天井には水面からの反射光が映り込む。外部空間を室内にうまく取り込む工夫は桂離宮など日本の伝統建築にもみられるもの。写真左下の作品は海老塚耕一《水と風の体積》(2001年)。

（上）中庭からテラスを見る。（下）四方を壁に囲われた中庭に天空から光が差し込み、彫刻作品をほのかに照らす。

TRIVIA

坂倉準三（さかくら じゅんぞう）

20世紀を代表するフランス人建築家ル・コルビュジエのもとで建築を学びました。グランプリを獲得した1937（昭和12）年のパリ万博日本館以降、日本の伝統的な造形を意識した、モダニズムの佳作を数多く手がけました。作品には、旧東京日仏学院や羽島市庁舎、新宿駅西口広場・地下駐車場などがあります。

（上）外観。平家池に張り出すようにして建つ。装飾のない白いボックスがピロティに浮かび上がる姿は、モダニズムのありようを端的に示す。右は昭和41年に増築した新館。（下）大谷石に開けられたガラスブロックが、抽象アートのような壁面をつくる。

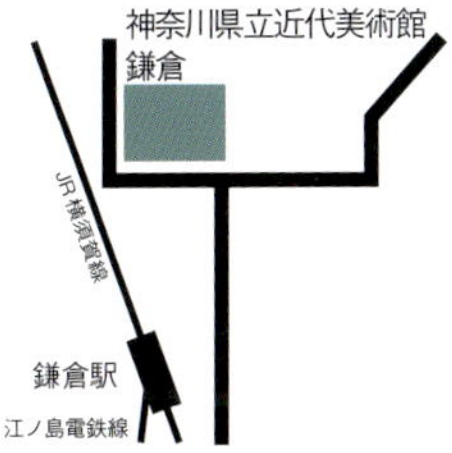

設計者　坂倉準三
DATA　所在地：神奈川県鎌倉市雪ノ下 2-1-53
アクセス：JR 横須賀線・江ノ島電鉄線「鎌倉駅」下車、徒歩約 10 分
見学情報：9：30 ～ 17：00（入場は 16：30 まで）／休館日　月曜日（休日の場合は開館）、展示替期間、年末年始／観覧料　展示によって異なります。詳しくは HP でご確認下さい。
http://www.moma.pref.kanagawa.jp/

昭和26年、日本で最初に設立された公立近代美術館。鎌倉の鶴《つる》岡八幡宮《おかはちまんぐう》の敷地内にあり、境内の平家池《へいけいけ》に張り出すようにして建っています。階段を上ってエントランスから2階の展示室に入ると、平面はロの字型で、展示室を一巡して1階に下ります。1階は大《おお》谷石《やいし》の壁に囲われた彫刻室と、鉄骨のピロティによる開放的な池沿いのテラス。このテラスがこの建物の一番の見所で、池を介してピロティまで光が入り込んでくるため、天井には水面からの反射光がてらてらとゆらめき、心地よい空間になっています。水平で無機質な天井と自然石の礎石の間をスレンダーな鉄骨でつなぐのも、ピロティを際立たせる効果的な手法です。設計は、世界的な建築家ル・コルビュジエに学んだ坂倉準三《さかくらじゅんぞう》。坂倉は当時最新鋭のモダニズムの手法を日本の建築界にもたらしました。

FUJIYA HOTEL

洋式サービスと和風意匠が融合した
リゾートホテルの草分け 登録

富士屋ホテル

全景。左が本館で、右手が塔屋付きの食堂棟。唐破風、入母屋、二重の塔屋などさまざまな屋根が重なり合う。

宮ノ下の温泉街の山の斜面にひときわ目を引く建物があります。まるで御殿のようなこの建物こそ、日本のリゾートホテルの草分けであり、箱根を国際的な観光地に育てた功労者、富士屋《ふじや》ホテルです。このホテルの特徴は、本格的な洋式サービスを提供しながら、意匠的には、外国からの宿泊客を意識した和風デザインを採用したところです。たとえば明治24年竣工の本館は、壁まわりは洋風ですが和風の屋根を掲げて和洋折衷とし、玄関口の鳳凰の彫刻などが目を引きます。食堂棟は4階塔屋に竜が巻きつき、妻面には七福神が微笑むなど、和風意匠がさらに色濃く見られます。内部も、たとえば食堂内部は高い折上格天井《おりあげごうてんじょう》に高山植物が描かれ、その下に干《え》支《と》の彫刻が付くなど和風の表現が満載です。内外の和風意匠で外国人にアピールした、リゾートホテルの傑作なのです。

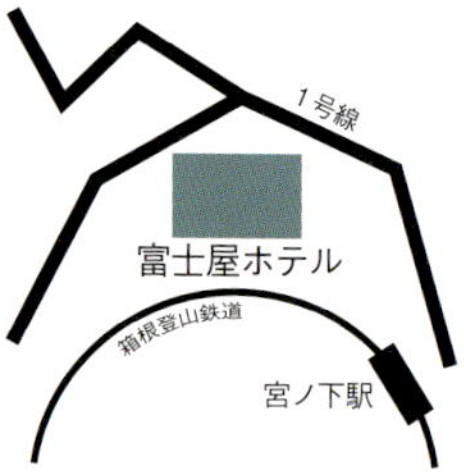

設計者 木子幸三郎ほか

DATA 所在地：神奈川県足柄下郡箱根町宮ノ下 359
アクセス：箱根登山鉄道「宮ノ下駅」から徒歩 7 分
見学情報：宿泊者、レストラン利用者に限り見学可能。
営業時間、宿泊については HP をご確認下さい。
http://www.fujiyahotel.jp/

食堂内部。高い吹き寄せの折上格天井に、小壁には多様な彫刻を配し、伝統的な書院造を大胆に解釈した空間。ここでとる朝食は、朝日を受けて色とりどりの洋食器が浮かび上がる、まことに心地がよい場所だ。

（上）花御殿《はなごてん》客室。折上格天井や組物など和風の意匠だが、床はカーペットにベッドの洋式となっている。（下）花御殿の外観。外部の意匠が最も濃厚で、鉄筋コンクリート造だが柱型や長押を表し、軒下に組物、入口に唐破風を取り付けている。ただし唐破風にはライオンが載り、その下はバラに鳩が飛ぶなど和洋のモチーフが交錯する。

TRIVIA

富士屋ホテル

富士屋ホテルの創業者山口仙之助《やまぐちせんのすけ》は、明治4年に渡米し、帰国後、牧畜事業を始めますが頓挫します。その後、福沢諭吉に国際観光の重要性を説かれ、ホテル業を決意したといいます。箱根、宮ノ下の温泉旅館を洋風に改築し、富士山にちなんで富士屋ホテルを開業しました。明治11年のことでした。

FORMER NIPPON YUSEN CO.,LTD. OTARU BRANCH

商業港湾都市小樽の最盛期の象徴 重文

旧日本郵船株式会社
小樽支店

外観はルネッサンスを基調としているが、全体的に扁平で、窓まわりや付柱の装飾はない。しかし、黒っぽい凝灰岩と黄褐色の凝灰岩の壁、鉄板葺きのマンサード屋根の組み合わせが、重厚な印象をもたらす。

日《にっ》本郵船株式会社《ぽんゆうせんかぶしきがいしゃ》小樽《おたる》支店《してん》は、明治39年の竣工で、設計は、辰野金吾《たつのきんご》や片山東熊《かたやまとうくま》と工部大学校《こうぶだいがっこう》の同期で、最初の日本人建築家の一人佐立七次郎《さたちしちじろう》です。外観はルネッサンス。壁面の装飾は控えめで両端の張り出しも浅いものの、全体を黒っぽい凝灰岩で縁取っているため厳粛な雰囲気です。一方、内部の客だまりから営業室にかけては、ワニス塗りの木部と白漆喰の対比が美しい空間が広がります。カウンターにはコンポジット式の支柱が立ち、天井からはコードペンダント式の照明が下がり、落ち着きをつくり出しています。2階は貴賓室と会議室です。両室とも壁に金《きん》唐革紙《からかわかみ》を貼り、それぞれのモチーフは貴賓室には菊に蝶とトンボ、会議室には緑地にアカンサスの金色を浮き出しとした華麗なものです。日露国境画定会議の舞台となるなど、商業港湾都市として栄えた小樽の最盛期を物語る建物です。

営業室。カウンター上にコンポジット式の支柱が並ぶ。各机に垂れ下がる照明はコードペンダント式。滑車を使って長さを調整する。

壁紙に、菊の花と蝶、トンボをあしらった金唐革紙を使った貴賓室。天井の漆喰には薄青の彩色が施されるなど華麗。

TRIVIA

金唐革紙

金唐革紙はエンボス加工した和紙に銀箔などを貼って彩色した高級壁紙で、おもに輸出品として製作されました。輸出品ですし、金唐革紙を使用した現存建物は少ないのですが、青森銀行記念館(p.78)や、岩崎久彌邸などに現物や復元したものが残り、往時の豪華な内装をしのぶことができます。

設計者 佐立七次郎

DATA 所在地：北海道小樽市色内3-7-8
アクセス：JR「小樽駅」から徒歩20分
見学情報：9：30～17：00／休館日 毎週火曜日（祝日の場合開館、翌日以降の最も近い平日に振り替え）、年末年始／入館料　一般300円

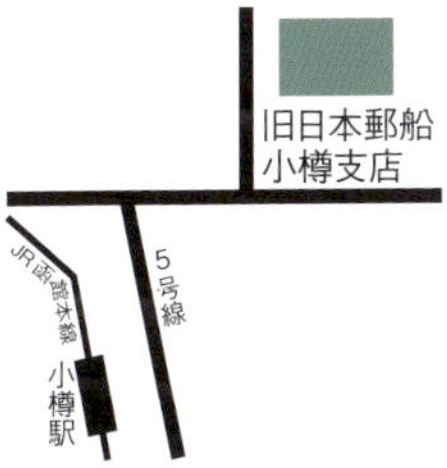

木造ながら2階建に柱型を表したルネッサンス風の堂々たる外観。3連アーチ窓の上部にさらにアーチをまわした大ぶりな屋根窓が印象的。

AOMORI BANK MUSEUM

3連アーチの冠が載るルネッサンス風建築 重文

青森銀行記念館

2階会議室。格天井《ごうてんじょう》の鏡板《かがみいた》部分に金唐革紙《きんからかわかみ》をあしらうなど豪華な内装だが、床や壁面の扱いはいたってシンプル。

1階入口横の曲がり階段は、大株主だけが使用することができた。

青森銀行の前身である第五十九《ごじゅうく》銀行が明治37年に新築した本店で、手がけたのは地元弘前の大工棟梁、堀《ほり》江《え》佐《さ》吉《きち》。一番の見所である外観は、中央をやや張り出した左右対称の構成で、石積みの基壇の上に2層の壁を立ち上げ柱型を表し、1階はペディメント、2階はまぐさの窓を並べた堂々たるルネッサンス風の構えです。玄関上部にアーチをまわし、屋根には半円アーチを3連重ねた巨大な屋根窓を載せることで、中心性を強調しています。こうした屋根窓などの細部を強調する手法は、ややもすると全体のバランスを失う危険がありますが、この建物はうまくまとめています。内部では2階の会議室が秀麗で、金唐革紙を貼った格天井《ごうてんじょう》や、大ぶりな中心飾りから下がるシャンデリアなど充実したインテリアです。地方に残る大工が手がけた明治の洋風建築としては材料や施工精度がよく、デザイン的にも優れた建物です。

設計者　堀江佐吉

DATA　所在地：青森県弘前市元長町 26

アクセス：JR「弘前駅」より土手町循環 100 円バスで約 10 分、「下土手町」下車、徒歩 5 分

見学情報：4 月～ 11 月　9:30 ～ 16:30（菊と紅葉まつりを除く、まつり期間中は～ 18：00）／休館日　火曜、8/13、12 ～ 3 月　※弘前城雪燈籠まつり期間中（2/8 ～ 11）は開館／入館料　一般 200 円

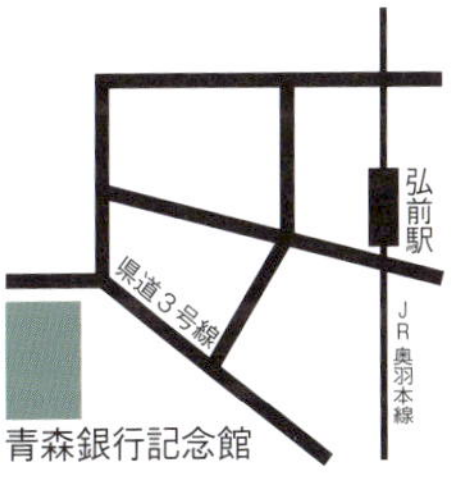

THE BANK OF IWATE,LTD. FORMER HEAD OFFICE

赤白のボーダーが目を引く街角のランドマーク 重文

岩手銀行旧本店本館

081

平面は凸凹が多く、壁面をそのまま立ち上げて外観に変化をつけている。赤レンガに白い石材をミックスした壁に、ドームを載せてドーマー窓、ペディメントで賑やかに屋根を飾るなど、辰野式のエッセンスが表れている。

入口から営業室を見る。アーチ壁によって分節され、アーチは要石や持ち送り、放射状の欄間などで装飾されている。入口をくぐると営業室で2層吹抜けの大空間が広がる。

八角塔内の天井を見上げたところ。八角形の塔屋の平面は内装にも反映され、星形にくり抜かれた漆喰天井と木部の対比が美しい。

岩手銀行旧本店は、辰野金吾《たつのきんご》とそのパートナーである地元出身の葛西萬司《かさいまんじ》の設計で、明治44年に竣工しました。角地にドームを冠した八角形の塔を目立たせ、街角のランドマークになることを意識しています。外観は辰野式でまとめられ、小口を見せた赤レンガに白い花崗岩の横縞が幾筋も走ります。窓は1階はまぐさ、2階はアーチとし、持ち送りやアーチなどの要所にも花崗岩を使うなど、賑やかな外壁です。屋根も、角塔、円塔、ドーム、飾《かざ》り破風《はふ》、ドーマー窓とめまぐるしく変わるモチーフがつめこまれ、小さな建物ながら、造形要素が多く躍動感にあふれています。内部は、営業室およびロビーを吹抜けとし、2階にギャラリーをめぐらせています。付柱を用い、天井に石膏モチーフを施した豪華な内装が、明治期の銀行建築の姿をよく伝えています。

TRIVIA

辰野金吾（たつの きんご）

辰野金吾は、工部大学校造家学科（後の東京大学建築学科）の第一期を主席で卒業し、英国留学後に母校の教授になりました。日本に西洋建築を根付かせるべく粉骨砕身し、日本近代建築の父といわれています。作風は、赤煉瓦の壁に花崗岩などの白石を配し、屋根に塔やドームを並べたてる賑やかな「辰野式」で知られています。代表作に東京駅（p.14）などがあります。

設計者 辰野金吾、葛西萬司

DATA 所在地：岩手県盛岡市中ノ橋通 1-2-20

アクセス：各線「盛岡駅」からバスで 15 分、「盛岡バスセンター」下車 2 分

見学情報:現在修復工事中（工事終了後一般公開の予定）

※修復後は館内のレイアウトや内装が変更となる場合があります。

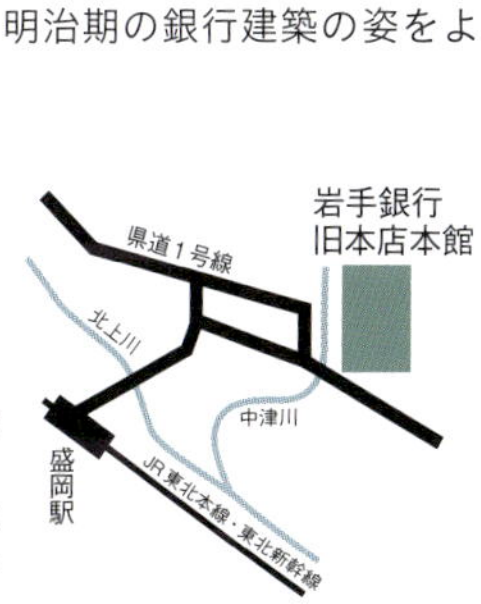

FORMER AKITA BANK HEAD OFFICE

キュートな円筒タワーをもつ
ロマンティックな銀行建築 重文

旧秋田銀行本店本館

（秋田市立赤れんが郷土館）

1階を白色磁器タイル張り、2階を化粧レンガとし、基壇とボーダーを男鹿石としてアクセントをつけている。ドームを載せた両隅の小円塔が西欧の古城を思わせる外観。

（右）1階廊下から階段室を見る。腰の木パネルと白漆喰が対比を際立たせ、アーチ周囲は漆喰の浮彫りで飾る。階段の踏石は白大理石。（下）1階営業室天井。漆喰仕上げ天井に、楕円形のオリーブバンドなどの石膏モチーフを施している。

秋田銀行の本店として明治45年に竣工。設計は外部設計の顧問が山口直昭《やまぐちなおあき》、内部設計が星野男三郎《ほしのおさぶろう》です。壁は白タイル張りにグレーのボーダーがまわる1階と、2階の赤レンガで対比的な仕上げになっています。窓も1階はアーチ、2階はまぐさと変化をつけ、屋根は棟飾りやドーマー窓で装飾されています。頂部にドーム屋根を載せた円筒タワーを両隅に配置するなど、銀行建築らしからぬロマンティックな外観です。一転、内部は古典的なバロックのスタイル。1階営業室は、ロビーを吹抜けとして2階にギャラリーがまわり、天井はオリーブを束ねた楕円状の縁取りで装飾され、唐草文様が十字に伸びる中心飾りからシャンデリアが下がります。白タイルと赤レンガのコントラストが鮮やかな外観に比べ、内部装飾は古典的かつ壮麗で、充実した意匠をもつ建物です。

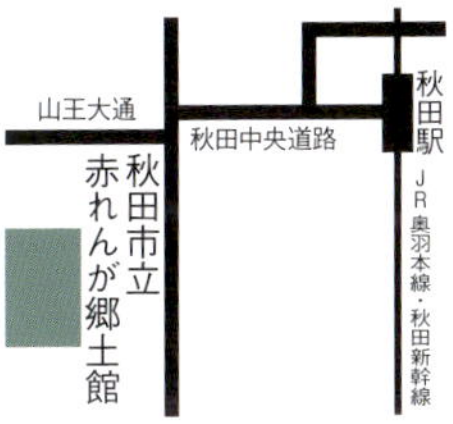

設計者 山口直昭、星野男三郎

DATA 所在地：秋田県秋田市大町 3-3-21
アクセス：JR「秋田駅」西口から徒歩約 15 分
見学情報：9：30 ～ 16：30 ／休館日　年末年始、展示替え期間（不定期）／観覧料　一般 200 円

YAMAGATA PREFECTURE FORMER GOVERNMENT OFFICE

時計塔のあるイギリス・ルネッサンス様式の端正な庁舎 重文

山形県旧県庁舎

(山形県郷土館「文翔館」)

山形県旧県庁舎は、山形出身の中條精《ちゅうじょうせい》一郎《いちろう》を設計顧問に迎え、大正5年に竣工しました。中央と両端部をやや前面に張り出し、中央に車《くるま》寄《よ》せを突出させた、左右対称の厳粛なイギリス・ルネッサンスの建物です。ここで目を引くのが、中央の寄棟屋根の上に載るチャーミングな時計塔で、これが建物の印象を幾分やわらかなものとしています。中央と両端部の屋根はマンサード屋根でつなぎ、いずれもスレート葺きで要所にドーマー窓を開けます。壁は山形産の花崗岩張りですが、1階は基壇状に粗く積み、主要階である2、3階は整然とした平石積みにして、英国式に1階をグランドフロアとした造りです。付柱が3層を貫き、間に矩形の窓が規則的に並ぶさまは、時計塔を除いてみれば極めて端正かつ紳士然とした建物です。様式建築の正統を受け継ぐ、手堅い庁舎といえるでしょう。

南から見た外観。敷地は山形市の中心、中央通りの突き当たりにあり、通りの先にその堂々とした姿を見せている。

設計者 中條精一郎、田原新之助

DATA 所在地：山形県山形市旅篭町 3-4-51
アクセス：ＪＲ「山形駅」から市役所経由路線バスで市役所前下車徒歩１分
見学情報：山形県郷土館「文翔館」 9:00〜16:30／休館日　第１・第３月曜日（休日の場合は翌日）、年末年始／入館料　無料

CHATEAU KAMIYA

西欧の古城を彷彿させるワイナリーの迎賓館 重文

シャトーカミヤ

シャトーカミヤは、ワインなどの製造販売や、神谷バーの開業で著名な実業家、神谷傳兵衛《かみやでんべえ》が創設したワイン醸造施設です。岡田時太郎《おかだときたろう》の設計で明治36年に竣工しました。施設の中心となるこの建物は、フレンチ・ルネッサンスを基調とし、中央をやや前面に張り出し、1階に半円アーチの通路、2階にペディメントを掲げて両翼を広げ、基本的には左右対称の構成です。しかし、玄関右脇にある時計塔が対称をやぶり、外観に動感をもたらします。半円アーチには“CHATEAU D.KAMIYA”の文字が刻まれ、2階のペディメントにはハチとブドウのレリーフがあり、神谷傳兵衛が売り出した「ハチブドー酒」を連想させます。2階の大ホールではかつて、ワインパーティが催されていたそうです。ブドウをモチーフとした中心飾りなど、華麗な意匠が迎賓館としての格式を高めています。

時計塔がアクセントとなった西欧の古城を彷彿させる外観。2階のペディメントに描かれたハチとブドウのレリーフが美しい。

設計者 岡田時太郎

DATA 所在地：茨城県牛久市中央3-20-1
アクセス：JR常磐線「牛久駅」下車、東口（シャトー口）から徒歩約8分
見学情報：「貯蔵庫」は現在レストランとして営業しています。「事務室」（現本館）、「醗酵室」（現神谷傳兵衛記念館）は、現在休業中です。（2016年春再開予定）

TOMIOKA SILK MILL

レンガの壁と窓が美しい
日本の近代化を支えた官営工場 国宝 世界遺産

旧富岡製糸場

旧《きゅう》富岡製糸場《とみおかせいしじょう》は、明治政府が設立した官営製糸工場。木造の軸組に壁をレンガ積とした木骨レンガ造で、フランス人技師の指導のもと、日本人が施工にあたりました。写真の東置繭所《ひがしおきまゆじょ》は桁行104メートルにおよぶ長大な建物で、小屋組はトラス構造とし、レンガ、鉄製のサッシュ、ガラスを使用するなど、明治5年の建築当時には珍しい、洋風の建築技術や材料を多く使用しています。ガラスやサッシュは輸入品ですが、レンガは屋根瓦の職人がフランス人に習って焼成しました。試行錯誤を重ねて製作した材料には一切の手抜きがなく、それがこの建物の堅実さ、誠実さを物語っています。また、木骨の柱と桁にレンガ壁という飾り気のない単純明快な意匠は、この建物をいつまでも新鮮なものとしています。近年、世界の絹文化の発展に寄与した絹産業の拠点として世界遺産に登録されました。

(上) 工場の入口正面の建物にあたり、入口のアーチの要石には操業開始年の「明治五年」の銘を刻む。多数の窓があるのは繭を乾燥、貯蔵するため。(右) 繰糸所内観。キングポストトラスの小屋組が壮観。トラスは日本の伝統的な和風の小屋組に比べ、大スパンの広い空間をつくるのに適している。

設計者 エドモン・バスティアン

DATA 所在地：群馬県富岡市富岡 1-1
アクセス：上信線「上州富岡駅」から徒歩約 15 分
見学情報：開場時間　9：00 ～ 17：00（受付は 16：30 まで）／休場日　毎週水曜日（休日の場合は翌日）※ただし GW・夏休み期間・群馬県民の日（10/28）は開場、年末年始／見学料　一般 1000 円

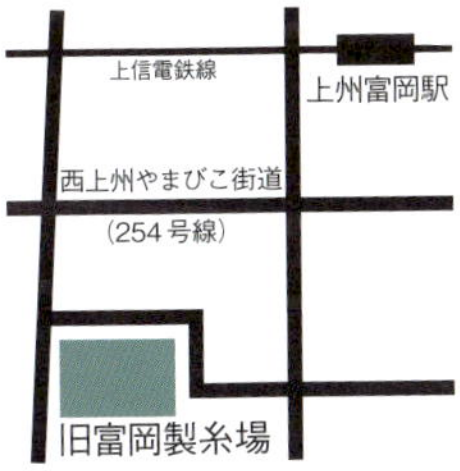

FORMER KAICHI SCHOOL

唐破風にエンジェルが舞う
擬洋風建築のチャンピオン 重文

旧開智学校

長大な壁に整然と開口を並べるが、塔屋と玄関車寄せで中心性を強調する。

塔屋と車寄せ詳細。八角形の塔屋は高欄付きの縁をまわし、色ガラス欄間付きの開口を設けている。写真下部の車寄せの彫刻は明らかに過剰で、エンジェルまで舞うのは全国的に見てもこの建物だけ。

2階講堂。半円アーチ窓の欄間には当時貴重であった色ガラスがはめられ、文明開化＝洋風を強く印象づける。天井には方形の中心飾りがあり、側面を彫刻で飾っている。

1階廊下。花弁状の装飾を施した中心飾りくらいしか装飾要素はない。右に2階への螺旋階段が見える。

旧《きゅう》開智学校《かいちがっこう》は、地元の大工棟梁、立石清重《たていしせいじゅう》が設計施工にあたり、明治9年に落成したものです。外観で注目すべきは正面中央の過剰なまでの意匠です。欄間や手摺などを彫刻で飾った唐破風の玄関車寄せの上部には、風見を棟上飾りとした八角塔屋が載っています。車寄せの細部に目をやると下から龍、水流、雲の彫刻で、唐破風の下には「開智学校」の額をエンジェルが支えます。こんな過剰な装飾は、もちろん本場の西洋建築にありません。このように地域の大工が伝統的な和風技術に西洋風意匠を取り入れた建築を擬洋風建築《ぎようふうけんちく》といいます。擬洋風の手法はほかにも、外壁を漆喰塗りとし、腰や隅を黒漆喰塗りに目地をいれて石積みに模したり、窓は板戸両開きで鎧戸を模したりするところなどに表れます。明治初期には各地に擬洋風建築が建てられましたが、開智学校はその代表格なのです。

TRIVIA

擬洋風建築

明治の初期に、地域の大工が伝統技術を使って、見よう見まねで洋風意匠を模した建物を擬洋風建築とよびます。当時、洋風建築が文明開化の象徴の一つだったのです。手法は、漆喰塗りに目地をいれて石積み風とする、両開きの鎧戸を建てる、ペディメント代りに入母屋の妻を見せるなどさまざまですが、車寄せや塔屋を派手に飾りたてる傾向があります。

設計者 立石清重

DATA 所在地：長野県松本市開智2-4-12

アクセス：各線「松本駅」から周遊バス（タウンスニーカー）北コース「旧開智学校」下車すぐ

見学情報：9：00～17：00（16:30までの入館）／休館日　3月から11月までの第3月曜日（休日の場合は翌日）、12月から2月までの月曜日（休日の場合は翌日）、年末年始／入館料　一般300円

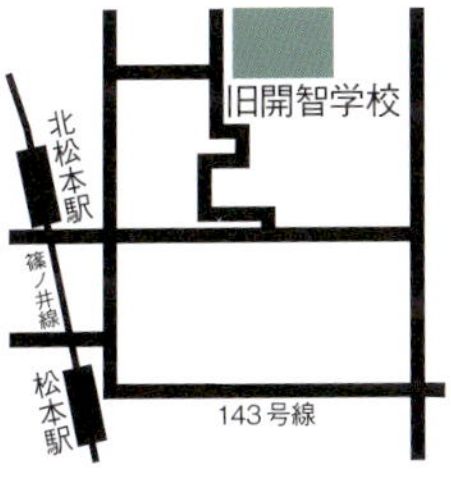

KATAKURAKAN

西洋の古城を想わせる
日本初の本格的クアハウス 重文

片倉館

千人風呂とよばれる大浴室。浴槽内部は深さ 1.1 メートルで座り湯ではなく、立ち湯としたことも相まって、伝統的な温泉とは異なる西欧風の温泉保養地の雰囲気をもたらしている。

急勾配の切妻屋根に尖塔を立てるなど、変化に富んだ浴場外観。

片《かた》倉館《くらかん》は、諏訪湖《すわこ》周辺を本拠地として製糸業《せいしぎょう》を営んだ片倉製糸《かたくらせいし》が公共の福利厚生施設として建てた温泉施設です。森山松之助《もりやままつのすけ》の設計で、昭和3年に竣工しました。浴場と会館は、急勾配の切妻屋根にタイル張りの外壁で、要所に尖塔を配置するなど、西洋の古城を意識した変化に富んだ外観になっています。内部の見所はやっぱり浴室。浴室は、天井を船底とした大空間の中心に浴槽が広がり、妻面にはテラコッタによる壁面装飾やステンドグラス、古代ローマ風の彫像が置かれて華やかな雰囲気です。伝統的な日本の湯治場とは異なる、非日常的な祝祭空間が演出されました。一方、会館の内部は200畳を超える大広間を中心とした伝統的な和風の造りになっています。片倉館は独特の外観をもち、内部装飾の密度も高く、日本初の本格的クアハウスとして重要な建物なのです。

TRIVIA
片倉製糸紡績株式会社（片倉製糸）

上諏訪温泉を源泉にした片倉館は、諏訪地方の人々にとって、あこがれのレジャー施設であったといいます。この片倉館を提供した片倉製糸の隠れた功績として、官営富岡製糸場の操業引き継ぎと維持管理があります。片倉製糸が操業終了後も大切にメンテナンスしてきたおかげで富岡製糸場は今日、世界遺産に登録されたのです。

（上）浴場階段室。階段の段差にあわせて高さの異なる3連のアーチ窓を設ける。（左）大浴室壁面のニッチを飾るテラコッタ飾り。三日月のなかに人の顔が浮かぶような印象的なデザイン。

大浴室の洗い場。半円アーチのステンドグラスが美しい。

設計者 森山松之助
DATA 所在地：長野県諏訪市湖岸通り4-1-9
アクセス：JR本線「上諏訪駅」から徒歩8分
見学情報：館内見学は事前申し込みが必要です（0266-52-0604）／見学料　一般500円
◆千人風呂営業時間：10：00～21：00（受付は20：30まで）／入湯料　一般650円／休館日毎月第2・第4火曜日

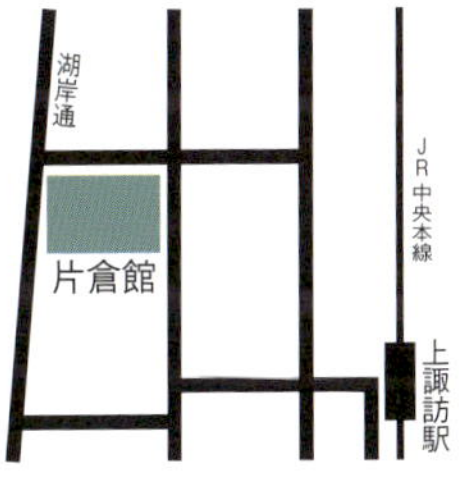

SHIZUOKA CITY HALL

スパニッシュの外観にイスラム風の望楼を掲げた
ユニークな市庁舎 登録

静岡市庁舎

玄関ホールへと続く入口。大理石の階段、天井を飾る八角形と十字を組み合わせたレリーフが華麗。

イスラム風のドームを載せたエキゾチックな外観をもつ庁舎が、駿府城のお堀端に面して建っているのが面白い。

アーチ窓の開放的な望楼。上に載るドームはイスラム建築のモスクのように幾何学的なパターンをモザイクタイルで表現している。この塔屋について、中村は「市の王冠としての意味」を象徴したとしている。

議会場正面。議長席の背後は半円アーチの両脇に柱が立ち、上部には楕円状飾りを載せた威厳ある装飾が施されている。天井梁下の細かいレリーフや、上部傍聴席脇のペディメント付小窓にも注目したい。

現在、県庁所在地に戦前建築の市庁舎が残っているのは名古屋、静岡、京都などわずかですが、現存庁舎のなかでも際だった特色をもつのが昭和9年竣工の静岡《しずおか》市《し》庁舎《ちょうしゃ》です。見所は特徴的な中央の塔屋。アーチ窓が開放的なイスラム風の望楼に、薄い青緑色のモザイクタイルのドームを載せています。外壁は象牙色のタイル張りで、三つ葉アーチの連続窓や、花模様の縁取りをした円窓を開けた、スパニッシュを基調としたエキゾチックな外観です。庁舎建築は通常、厳格な古典的スタイルをとることが多いなか、なんともユニークな庁舎です。設計は地元浜松出身の中村《なかむら》與《よ》資《し》平《へい》で、朝鮮半島のほか、静岡に作品が多い建築家です。内部も、玄関へと続く壁や天井を飾るレリーフや、特別応接室のテラコッタによる精緻な天井装飾など充実したインテリアが目を引きます。

TRIVIA
スパニッシュ

スパニッシュは大正末から昭和にかけて流行した様式です。この建物ではスパニッシュ特有の瓦を使わないなど、かなりアレンジが効いていますが、クリーム色の外壁や、アーチ型開口部などにスパニッシュの特徴が認められます。また、望楼に見られるように、イスラム風の意匠を取り入れるのもスパニッシュの特徴です。

設計者 中村與資平

DATA 所在地：静岡県静岡市葵区追手町 5-1
アクセス：JR「静岡駅」から徒歩 9 分
見学情報：見学希望の方は静岡市役所管財課（054-221-1013）までお問い合わせ下さい。

IMPERIAL HOTEL

ライトの陰影深い意匠がつくり出す
ホテル建築の傑作 登録

帝国ホテル

ロビーは吹抜けの大空間に光が錯綜し、豊潤な装飾に陰影を与える。四隅の照明籠は、透かしを施したオレンジ色のテラコッタと大谷石の組み合わせでできており、隙間から漏れる明かりがなんとも美しい。

フランク・ロイド・ライトの設計で、大正12年に完成した帝国《ていこく》ホテルの玄関部です。玄関だけで当時の姿をしのばせるところがこの建築の凄味。まず外観は、軒や手摺の大谷石の帯が水平線を強調しています。壁面を構成するレンガには櫛目を入れ、大谷石には幾何学模様の彫刻を施しているため、陰影深いデザインになります。内部は、メインロビー中央に3階までの吹抜けがあり、すべての部屋がこのまわりに配置されます。個々の場所は床の高さ、天井の高さが異なるスキップフロアで、ステップを上り下りするたびに視界が変化します。どの場面をとってみても水平に伸びた軒、彫刻、ステンドグラスなどが目に入り、絵になるシーンの連続です。水平線を強調し、濃密な装飾をまとった空間が流れるように変転していく。そんなライトの真骨頂が遺憾なく発揮された建物です。

正面外観。レンガの壁には大谷石の層を重ね、両隅の大谷石の壁柱にも目地を何重にも入れるなど、水平性が強調されている。前方に据えられた池の水面に建物の姿が映り込む姿は、まるで中南米の古代遺跡を見るかのよう。

軒先の張り出しを見上げる。ライト好みの直線で構成された透かし模様から光が漏れる。

TRIVIA

帝国ホテル

もともとは、現在の帝国ホテルがある日比谷に建てられました。チャップリンやマリリン・モンローといった多くの著名人に利用されましたが、惜しまれつつも昭和43年に解体され、玄関部だけ明治村に移されました。現在の帝国ホテルのオールドインペリアルバーには、ライト設計時の大谷石やテラコッタなどが残り、往時の雰囲気を感じることができます。

設計者 フランク・ロイド・ライト

DATA 所在地：愛知県犬山市字内山1 博物館明治村園内

アクセス：名鉄犬山線「犬山駅」東口からバス（「明治村行」）で約20分

見学情報：博物館明治村　9:30～17:00（季節によって変動あり）／休村日　12/31、12月・1月・2月の毎週月曜日（祝日及び正月期間は開村）、1月の平日にメンテナンス休あり、8月の平日に不定期で休みあり／入村料　一般　1700円

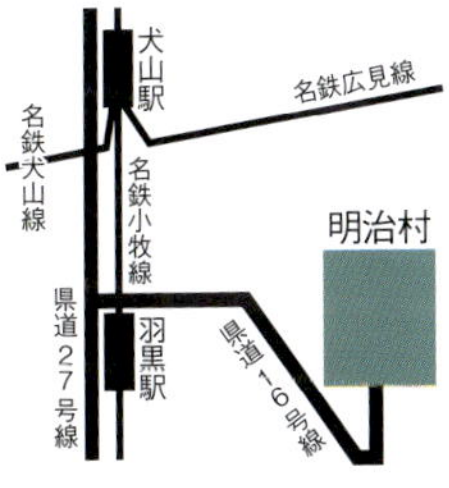

ST. JOHN'S CHURCH

八角双塔がゴシック風な
プロテスタント系の教会堂 重文

京都聖ヨハネ教会堂

教会堂内の架構は、扠首（さす）で大きな三角屋根をつくり、扠首の中間あたりを繰形付（くりがたつき）の柱で支持し、柱脇にはアーチ形のリブをつけて、全体として三廊式の外陣をつくっている。

正面外観。全体の比例バランスもよく、各所に開けた大小の尖頭窓やステンドグラス、望楼の多弁状アーチ、尖塔頂部に載る十字架のフィニアル（先端装飾）など見るべきデザイン要素は多い。

京都河原町《かわらまち》にあった日本聖公会《にほんせいこうかい》の教会堂を明治村に移築したもの。明治40年の竣工で、設計はガーディナーです。正面両脇に八角の双塔が高くそびえ、中央には尖頭アーチをまわすなど、全体としてはゴシックの色合いが濃い教会堂といえます。よく見れば構造が1、2階で異なり、1階はレンガ造で2階は木造という混構造です。1階はかつて日曜学校や幼稚園、2階は会堂として使われていました。教会堂は十字型の平面で、奥から内陣《ないじん》、交差廊《こうさろう》、外陣《げじん》に分かれます。外陣手前の正面と、交差廊の両端にステンドグラスをはめた大きな尖頭窓があるため、堂内は光が充満して明るく、扠首《さす》*や柱などの部材が細身なので空間が広く感じられます。ガーディナーは米国聖公会の宣教師として、多くの日本聖公会系の建物を手がけましたが、この教会はその作品の一つです。

*扠首…棟木などを支えるために頂部で緊結した2本の材を逆V字型に組んだもの

2階の教会堂に向かう階段。奥に尖頭窓が見える。

TRIVIA

博物館明治村

戦後の経済成長の影で失われつつある明治建築を移築して保存するため、昭和40年にオープンした野外博物館です。公共建築、学校、宗教建築、産業遺産など明治の社会、文化のさまざまな領域をカバーし、当時の建物と内部の展示で、明治時代を追体験できる一大テーマパークです。

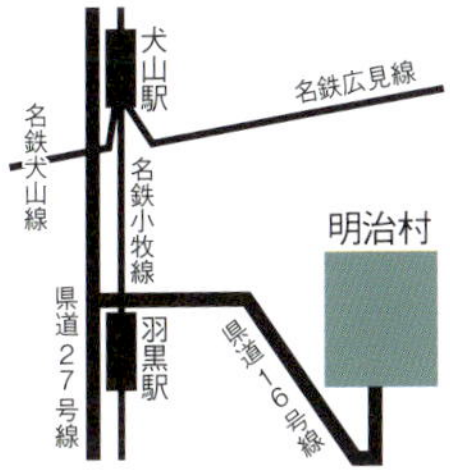

設計者 ジェームズ・マクドナルド・ガーディナー

DATA 所在地：愛知県犬山市字内山1　博物館明治村園内
アクセス：名鉄犬山線「犬山駅」東口からバス（「明治村行」）で約20分
見学情報：博物館明治村　9：30～17：00（季節によって変動あり）／休村日　12/31、12月・1月・2月の毎週月曜日（祝日及び正月期間は開村）、1月の平日にメンテナンス休あり、8月の平日に不定期で休みあり／入村料　一般1700円

UJI-YAMADA POST OFFICE

V字型の平面をもつ
斬新なデザインの郵便局 重文

宇治山田郵便局舎

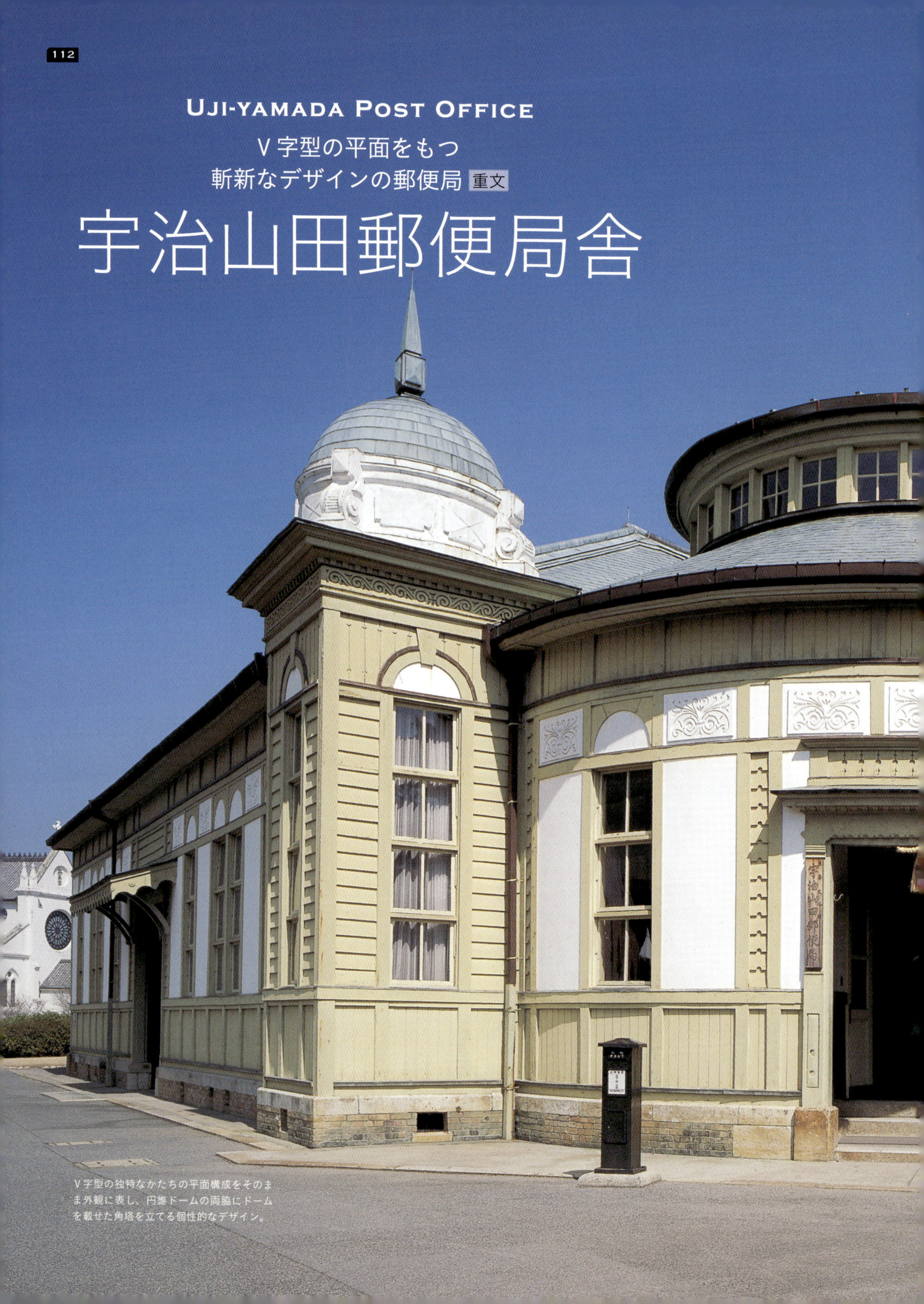

V字型の独特なかたちの平面構成をそのまま外観に表し、円錐ドームの両脇にドームを載せた角塔を立てる個性的なデザイン。

設計者 白石圓治

DATA 所在地：愛知県犬山市字内山1
博物館明治村園内
アクセス：名鉄犬山線「犬山駅」東口から
バス（「明治村行」）で約20分
見学情報:博物館明治村　9:30～17:00(季
節によって変動あり）／休村日　12/31、
12月・1月・2月の毎週月曜日（祝日及び
正月期間は開村)、1月の平日にメンテナン
ス休あり、8月の平日に不定期で休みあり
／入村料　一般　1700円

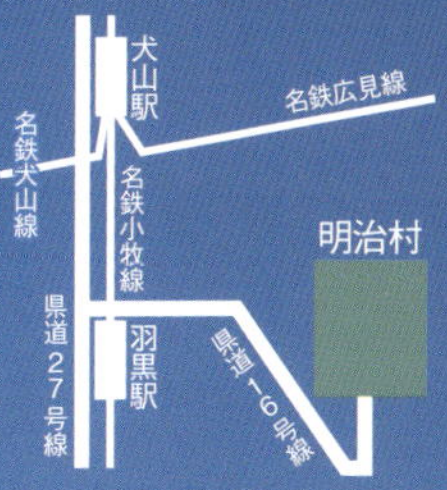

明治42年に伊勢神宮外宮前に建設された郵便局舎で、設計は逓信省技師の白石圓治《しらいしえんじ》です。木造平屋建て、V字型という独特なかたちの平面をもち、円錐ドームの屋根を載せる中央棟から、両翼屋が斜め奥に向かって伸びています。中央ドームの左右脇に、小ドームを載せた角塔を立てるデザインも斬新です。外装は、漆喰塗りに柱型などの木部を見せるハーフティンバーの構成ですが、角塔部分は下見板張りにして表現を変えています。欄間部分の漆喰塗りのレリーフも注目ポイントです。窓は3段あるいは4段の回転窓で、この形式もあまり例のないものです。入口を入ると、内部は円形の「公衆溜」とよばれたホールで、現在も郵便業務を行っています。見上げれば、ホールの天井は丸く高くなっており、ドーム下の高窓から光が差し込む、少し不思議感覚の郵便局です。

AICHI PREFECTURAL GOVERNMENT OFFICE

名古屋城の屋根をもつ帝冠様式の庁舎 重文

愛知県庁舎

漆喰の円形リレーフが印象的な貴賓室。岐阜産の大理石の暖炉や漆塗りの出入口扉、四隅に掲げられたオニキスの照明シェードなど、見所が満載。

西洋的な様式と城郭天守の意匠を融合させて地域色を色濃く出す外観。鉄骨鉄筋コンクリート造の建物に和風の瓦屋根を載せた、昭和初期に流行した帝冠様式の代表的な建物。

愛《あい》知《ち》県庁舎《けんちょうしゃ》は、渡辺仁《わたなべじん》と西村好時《にしむらよしとき》が基本設計を行い、昭和13年に竣工しました。外観は花崗岩積みの下層部、茶褐色タイル張りの中層部、白タイル張りの屋階の3層構成です。ここまでは、よくある古典的な様式建築の形式ですが、中央に千鳥破《ちどりは》風《ふ》を立ち上げ、巨大な入母屋《いりもや》屋根を上部に載せるところが、この建物最大の特徴となっています。この、名古屋城を彷彿《ほうふつ》させる大屋根が建物全体の印象を決定付け、さすがは名古屋にある県庁舎だと納得せざるを得ません。一方、そのいかめしい外観とは裏腹に、内部、とくに貴賓室は華麗な装飾に包まれた部屋で、鳳凰《ほうおう》を抽象化したという漆喰の円形リレーフに目が奪われます。昭和初期には、建物上部に和風屋根を載せた、帝冠様式とよばれたスタイルが流行しましたが、愛知県庁舎はその代表格として知られています。

TRIVIA
帝冠様式

鉄筋コンクリート造などの古典的な様式建築の躯体の上に和風の瓦屋根を載せた、和洋折衷の建築が昭和初期に流行しました。冠を思わせる屋根から、帝冠様式の名前で知られています。当時の設計コンペで選ばれた建築にも多く、愛知県庁舎をはじめ、九段会館、東京国立博物館本館(p.28)、名古屋市庁舎(p.116)などがあります。

設計者 渡辺仁、西村好時（基本設計）

DATA 所在地：愛知県名古屋市中区三の丸 3-1-2
アクセス：地下鉄名城線「市役所駅」から徒歩 1 分
見学情報：見学をご希望の方は愛知県財産管理課（052-954-6057）までお問い合わせ下さい。

石積みの基壇に、褐色タイルの主要階、淡黄色タイルの屋階の３層構成として、要所をテラコッタ装飾で飾るなど、古典的な様式建築の形式をとる外観。その意味では塔頂部の方形屋根を除いて実は和風の要素は少ない。

NAGOYA CITY HALL

高さ 53 メートルの塔の上には四方にらみの鯱 重文

名古屋市庁舎

エレベーターホールから階段室を見る。階段の構成や階段室を区切るアーチなどは西洋建築そのもの。

名古屋城の旧三之丸に位置する名古屋《なごや》市庁舎《しちょうしゃ》(名古屋市役所本庁舎)は、設計競技で金賞を獲得した平林金吾《ひらばやしきんご》の案をもとに、昭和8年に竣工しました。愛知県庁舎(p.114)と同様、鉄骨鉄筋コンクリート造の建物に和風の瓦屋根を載せる、昭和初期に流行した帝冠様式の建築です。天守閣風の大屋根を載せた愛知県庁舎と並んで建っているところに名古屋らしさを感じさせます。外観はタイルやテラコッタで飾り、車寄せやパラペット頂部、塔屋の上部は瓦屋根風といった意匠です。圧巻は、設計競技でとくに評価されたという高さ53メートルにのぼる高塔に載る二重屋根です。最上階の方形屋根の頂部には名古屋城の金鯱《きんしゃち》をお手本にした四方にらみの鯱が載り、下界を見張っています。内部の意匠も本丸御殿を念頭に設計されたといわれ、正庁や貴賓室、議場は和洋の意匠を織り交ぜた格調高いデザインとなっています。

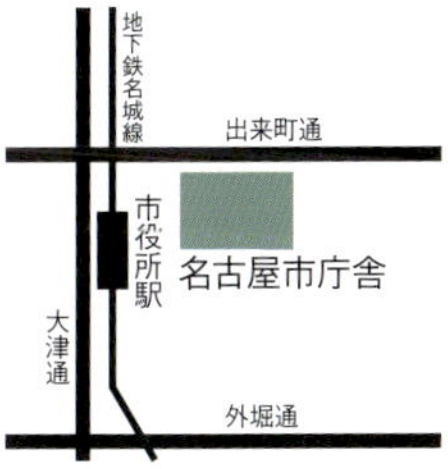

設計者 原設計　平林金吾

DATA 所在地：愛知県名古屋市中区三の丸 3-1-1

アクセス：地下鉄名城線「市役所駅」から徒歩 1 分

開庁時間：8:45 ～ 17:15（土・日・祝日及び年末年始を除く）※内部の見学は廊下などの共用部分に限ります。

MINAMI-ZA

桃山風のデザインをもつ、
京都の歌舞伎の殿堂 登録

南座

四条通りに面した南座正面。南座が幕府の許可を得て芝居小屋の一つとして四条河原に建てられたのは元和年間（1615-1624）のことというから、歴史ある場所に建つ由緒ただしい劇場である。

劇場内部。この建物の大きな魅力は劇場自体にもある。舞台と客席との距離が短く、3層構成の観客席が舞台を包み込む構成は、観るものと演ずるものの一体感を生む。
<写真提供：松竹株式会社>

ホワイエ。柱上の組物や蟇股《かえるまた》、虹梁《こうりょう》を意識した梁などに和風デザインが見てとれる。

近代的な劇場を和風の意匠で表現した南座《みなみざ》は、近代につくられた和風建築という意味で、近代和風建築《きんだいわふうけんちく》とよばれます。単純にいってしまえば、近代和風の要は屋根で、南座も正面に入母屋《いりもや》の妻を見せ、すぐ下に唐破風《からはふ》を重ねるなど、桃山風《ももやまふう》のデザインが強調されています。さらに、骨格は洋風建築でありながらも、軒を支える組物《くみもの》やベランダの高欄《こうらん》などに和風の要素を散りばめ、柱の表面に溝を入れて2本の柱に見えるようにするなど、木造のプロポーションに近づける工夫も見られます。劇場内部も、天井を折上格天井《おりあげごうてんじょう》、小壁を花狭間《はなざま》*とし、舞台のプロセニアム*に唐破風をつけるなど、和風意匠を取り入れています。昭和4年の竣工で、設計施工は、地元の建設業者である白波瀬工務店の白波瀬直次郎《しらはせなおじろう》です。京都松竹座、新京極帝国館などを手がけた劇場建築に定評ある建設業者でした。

*花挟間…欄間などに花模様の透かし彫りを施したもの
*プロセニアム…舞台と客席を区切る額縁型の壁面

大屋根の降棟の先に据えられた獅子口。瓦に松竹の紋や、南座の文字が入る。

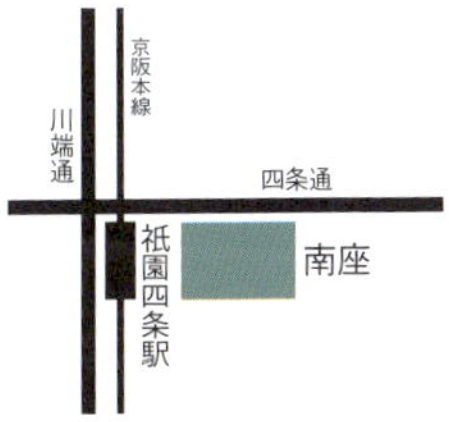

設計者 白波瀬直次郎
DATA 所在地：京都府京都市東山区四条大橋東詰
アクセス：京阪電鉄「祇園四条駅」6番出口よりすぐ
見学情報：劇場のため、見学のみはできません。公演情報はHPでご確認下さい。 http://www.shochiku.co.jp/play/minamiza/

CHOURAKUKAN

濃密な意匠をまとうたばこ王の館

長楽館

1階応接室。円柱が配され、壁面は楕円状の円飾りや花飾り、天井は細かいレリーフで装飾されている。奥に見える暖炉は、猫足のような曲線を描いた柱を両脇に備えたロココ風の意匠。

玄関ホール。2階へ向かう階段の途中に踊り場があり、中2階の喫煙室につながる。踊り場上部の天井も楕円形にくり抜くなど、変化に富んだバロックの構成をもつ。

3階の和室は折上格天井に、床棚、付書院など座敷飾りを備えた本格的な書院造。壁面や天井は金箔や金の飾り金具で豪華に仕上げている。

長《ちょう》楽館《らくかん》は、たばこの製造販売で財をなした実業家、村井吉兵衛《むらいきちべえ》の別邸として明治42年に建てられました。長楽館の名は伊藤博文の命名です。基壇の上に黄色タイル張りの主要階、屋階の3層構成とし、矩形の窓を並べた外観は、イタリアの邸宅建築であるパラッツォを思わせます。一方、内部はルネッサンスを基調としながらも、ロココ風の応接室や、イスラム風の喫煙室、和風の茶室など、部屋によってスタイルが異なります。1階は玄関ホールと応接室を中心に、バロック風の階段が目を引きます。2階はプライベートな寝室で、3階には茶室を含む本格的な和室が並びます。このように、豊潤な装飾をまとった華麗な部屋が次々に展開していき、飽きることがありません。設計者ガーディナーの腕が存分に発揮された、デザイン密度の濃い建物です。

TRIVIA

J.M. ガーディナー

ガーディナーは米国聖公会《べいこくせいこうかい》の宣教師として来日しました。宣教の傍ら建築設計を精力的に手がけ、数多くの日本聖公会系の建物を残しました。後年は自ら設計事務所を開いて設計を本職とし、長楽館のほか、横浜に移築された外交官の家、北海道の遺愛学院《いあいがくいん》、明治村に移築された京都聖ヨハネ教会堂（p.108）などの作品を遺しました。

外観正面。村井吉兵衛は、タバコ民営化時代に「サンライズ」と「ヒーロー」という銘柄で成功をおさめ、たばこ王とよばれた。この建物は村井の京都における迎賓館として使用された。

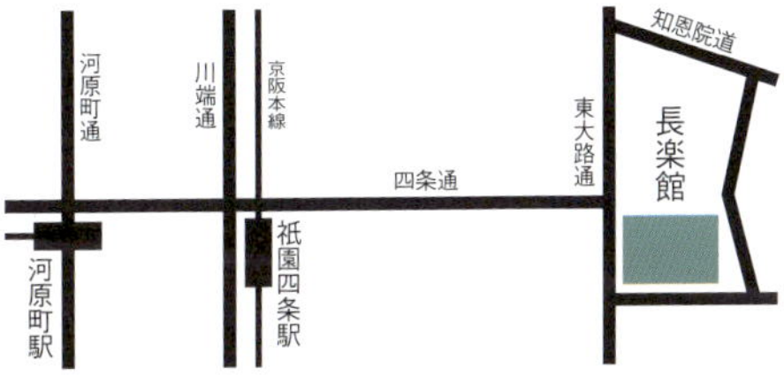

設計者 ジェームズ・マクドナルド・ガーディナー

DATA 所在地：京都府京都市東山区八坂鳥居前東入円山町604

アクセス：JR「京都駅」から市バス「祇園」下車、または京阪本線「祇園四条駅」から徒歩約10分／見学情報：宿泊、カフェ、レストランの利用者は見学可能。また、宿泊者に限り、通常非公開の3階「御成の間」も見学可能です。営業時間、宿泊についてはHPをご確認下さい。http://www.chourakukan.co.jp/

KYOTO NATIONAL MUSEUM

大小7つのドーム屋根が美しい
優美な赤レンガの博物館 重文

京都国立博物館

（左） 本館と同時に完成した表門も格調高い。左右の門番所・札売場には半球ドームを掲げ、門柱にはランタンを載せるなど本館同様に賑やかなデザイン。（上）内部の中央室は、ペディメントをもつ出入口に、台座付きのコンポジット式の柱を並べ、天井蛇腹のアーチ型換気口にも飾りをつけるなど、展示室のなかでも一番の格式を誇る。

＜（中央室） 写真提供：京都国立博物館＞

左右対称の構成で、中央と左右に掲げた緩やかな曲線を描くドーム屋根が印象的。

京都、東山山麓《ひがしやまさんろく》に優美な姿を見せる京都国立博物館《きょうとこくりつはくぶつかん》（旧帝国京都博物館）は、宮廷建築家として著名な片山《かたやま》東熊《とうくま》の作品として明治28年に竣工しました。外壁は、腰や隅に堅牢な花崗岩、彫刻に静岡県産の青石である沢田石を用い、化粧レンガとの美しい対比を見せています。緩やかな曲線を描くドーム屋根が印象的な、フレンチ・ルネッサンスにつらなる様式です。左右対称の構成で、中央はコンポジット式の柱が大ペディメントを支え、上部にドームを載せています。ペディメントの毘首羯磨《びしゅかつま》（細工物や建築をつかさどる神）と伎芸天《ぎげいてん》（伎芸を得意とする天女）という東洋風の主題をもつ彫刻は、ほかに例のない逸品で、この建物の見所となっています。左右の翼廊《よくろう》はトスカナ式の付柱《つけばしら》を並べ、翼屋部は、トスカナ式の双子柱の上部にペディメントを飾り、ドームを載せています。東山の山々をバックにドーム屋根が呼応する、美しい赤レンガの博物館です。

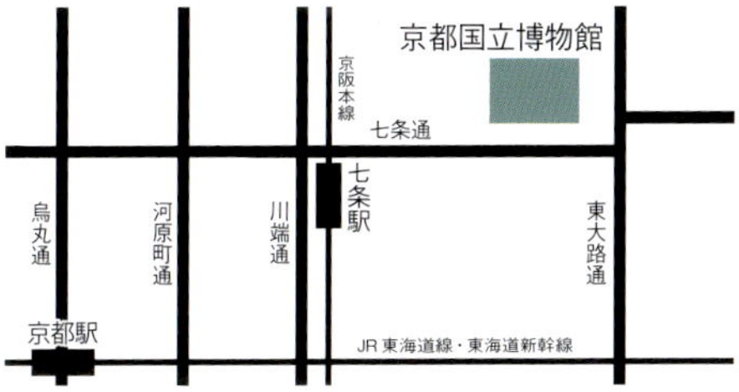

設計者 片山東熊

DATA 所在地：京都府京都市東山区茶屋町 527

アクセス：JR「京都駅」から市バス京都駅前 D1 のりばから 100 号、D2 のりばから 206・208 号系統にて博物館・三十三間堂前下車、徒歩すぐ

見学情報：9：30 〜 17：00（入館は 16：30 まで）／休館日　毎週月曜（休日の場合は翌日）、臨時休館あり／観覧料　名品ギャラリー　一般 520 円

※現在埋蔵文化財調査のため、当分の間本館を閉鎖しています。ご覧いただけるのは外観のみとなります。

FORMER KYOTO CENTRAL TELEPHONE OFFICE KAMI BRANCH

独特の屋根が景観とマッチしたロマンティックな電話局 登録

旧京都中央電話局上分局

設計者　吉田鉄郎

DATA　所在地：京都府京都市上京区駒之町 561-1
アクセス：京阪本線「神宮丸太町駅」1番出口より徒歩3分
見学情報：現在スポーツクラブとして利用されているため、内部は見学できません。

京都は丸太橋《まるたばし》のたもと、鴨川《かもがわ》と丸太町通りが交差する川べりの角地に建つ、元京都中央電話局《きょうとちゅうおうでんわきょく》の上分局《かみぶんきょく》です。設計は、逓信省技師の吉田鉄郎《よしだてつろう》で、大正12年に竣工しました。外壁は、柱型の間に細長い縦窓を並べ、クリーム色のタイルで仕上げています。楕円形の窓や、柱上の幾何学的な装飾には、当時流行したセセッションの影響も認められます。しかし、なんといってもこの建物を印象づけるのは、独特の屋根形状。丸太町通りに面した北側部分は寄棟《よせむね》で、ドイツなどの木造民家に見られるような弓形の屋根窓がついています。一方、南側部分は陸屋根《ろくやね》とし、両者をキノコのように立ち上がる塔屋で結んでいます。奇抜といえば奇抜ですが、親しみやすい造形です。幾多の優秀な近代建築が残る京都にあって、一見渋めですが、大変に味わい深い建物です。

鴨川の対岸から見る。入母屋の屋根にある弓形の窓、民家の甲（かぶと）造りの屋根にも似た塔屋など、屋根まわりのデザイン構成が楽しい。

OSAKA CITY CENTRAL PUBLIC HALL

水の都大阪・中之島を代表する
赤レンガの公会堂 重文

大阪市中央公会堂

赤レンガに白石がミックスされた辰野式の系譜につらなるスタイルだが、塔屋の間に大きな半円アーチをまわすなど、バロック的な壮大さをもちあわせている。

水の都大阪を代表する中之島《なかのしま》には、多くの近代建築が残されていますが、なかでも市民に親しまれているのが大阪市中央公《おおさかしちゅうおうこう》会堂《かいどう》です。大中小の集会室、特別室、食堂などを備えた大阪の芸術文化の殿堂的存在で、岡田信一郎《おかだしんいちろう》の原案をもとに大正7年に竣工しました。外壁は赤レンガと白い花崗岩のミックスによるコントラストが鮮やかです。正面は、装飾的なドームを載せた塔屋を左右に4本のジャイアントオーダーが壮大な半円アーチを支える、迫力ある外観です。内部で中心となるのは1、2階の大集会室ですが、目を引くのは3階の特別室。天井には日本神話の「天地開闢《てんちかいびゃく》」が描かれるなど、神々しいまでの空間です。建て替えの話もありましたが、市民の保存運動も実り、近年、耐震補強を含めた修復工事が実施され、見事に往時の姿がよみがえりました。

大集会室。正面にはプロセニアムアーチのまわる舞台を据え、2階はバルコニー席として、天井には幾灯ものシャンデリアを吊るす。

（上）中集会室は、周囲にアーチで分節された回廊が廻るフラット式のホール。天井も高く、創建当時のシャンデリアやステンドグラスが残る。（中）特別室。天地開闢《てんちかいびゃく》は、伊邪那岐《いざなぎ》と伊邪那《いざな》美《み》が天つ神より天《あめ》の瓊矛《ぬぼこ》を授かる場面が描かれる。このほか、南北面には太玉命《ふとたまのみこと》、素盞鳴《すさのおの》尊《みこと》が描かれるなど、古代神話を意匠とする点は、この建物の特徴。（下）特別室南側の壁面（中央）に描かれた日本神話の太玉命。

TRIVIA

岩本栄之助（いわもと えいのすけ）

公会堂の建設は、株式仲買人・岩本栄之助が大阪市に100万円を寄付したことに始まります。アメリカの実業家の社会貢献に感銘を受けたとのことですが、現在の額で数十億円ともいわれる巨費です。しかし岩本は、第一次世界大戦の影響による高騰相場で莫大な損失を出し、公会堂完成を見ることなくピストル自殺しました。

設計者 辰野片岡建築事務所（原設計岡田信一郎）

DATA 所在地：大阪府大阪市北区中之島 1-1-27

アクセス：地下鉄御堂筋線 / 京阪電車「淀屋橋駅」下車1番出口から徒歩約5分

見学情報：貸館利用のため、内部の見学は一部のみ可能です（特別室などの定期見学ツアーあり）。

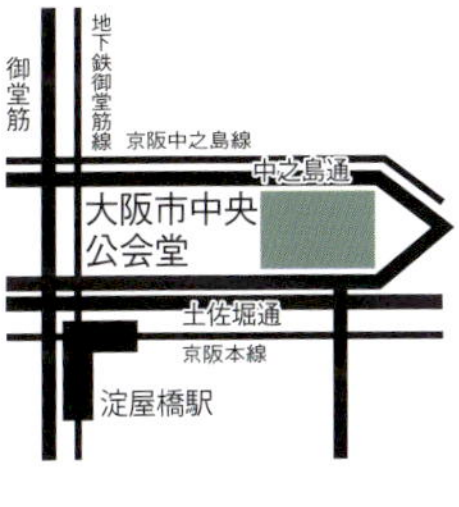

MENGYO KAIKAN

近代大阪の繊維産業の繁栄を記憶する
豪奢な倶楽部建築 重文

綿業会館

玄関から内部に足を踏み入れると、イタリア産大理石であるトラバーチンで覆われた吹抜けのホールと大階段に圧倒される。

（左）タペストリーのディテール。京都の泰山窯《たいざんがま》で焼かれた装飾タイルは一枚一枚の焼き色が異なる絶妙な色合い。（右）円と直線を組み合わせたミューラル・デコレーションの天井装飾や透かし彫りのガラス窓が豪華な会員食堂。

（右）クイーンアンスタイルの貴賓室。木パネルの壁面と、花鳥をあしらった優雅な楕円形の天井飾りの対比が美しい。（下）基壇、主要階、屋階の3層構成に矩形の窓を並べたイタリアのパラッツォのような外観。各階で窓まわりの装飾を変えるなど、よく見れば凝ったディテール。

ジャコビアンスタイルの談話室。装飾タイルのタペストリーのほか、暖炉上には木製の格子状装飾が天井まで伸びるなど、稠密なデザインが施される。

日本綿業倶楽部の会員の集会施設として、綿業会館《めんぎょうかいかん》は昭和6年に竣工しました。設計は関西建築界の重鎮、渡辺節《わたなべせつ》です。茶褐色タイル張りの壁に矩形の窓を開けた外観は、堂々としつつも少し控えめな印象です。しかし、内部に入ると印象は一変。まず、玄関ホールのイタリア産大理石を張った贅沢な空間に感嘆します。各部屋は部屋ごとにスタイルを変え、たとえば貴賓室はクイーンアン、会議室はアンピール、談話室はジャコビアンといった具合で、様々な趣向が楽しめます。なかでも凝った意匠なのが談話室です。二層吹抜けで、壁や独立柱をクルミの板で覆う重厚な部屋ですが、目を引くのは暖炉脇のタイルタペストリー。色鮮やかなタイルを組み合わせた意匠は圧巻です。各室とも濃密なデザインが施された、近代大阪の経済の繁栄を象徴する豪奢な建物です。

TRIVIA
綿業会館

各部屋でスタイルを変えたのは、会員がその日の気分で趣向を変えられるよう配慮したものです。満州事変のリットン調査団との会談場所となるなど、大阪実業界の華麗な舞台を演出してきました。設計者の渡辺節は、様式建築の名手と謳われ、関西経済界の圧倒的な支持を受けました。ちなみにこの建物のチーフドラフトマンは若き村野藤吾《むらのとうご》でした。

設計者 渡辺節

DATA 所在地：大阪府大阪市中央区備後町2-5-8

アクセス：地下鉄御堂筋線「本町駅」1番または3番出口から徒歩5分

見学情報：毎月第4土曜日に2部制で実施（有料）。事前に電話による申し込みが必要です（06-6231-4881）。

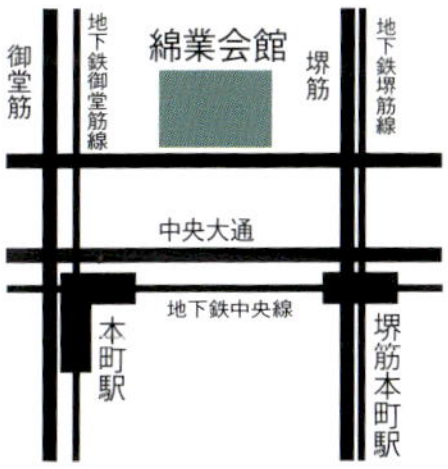

DAIMARU SHINSAIBASHI

大阪を代表する商業地で今も繁盛、
アールデコの百貨店

大丸心斎橋店

この百貨店の白眉というべき１階売場の天井。フレスコ画の周囲に幾何学模様の装飾が施された、アールデコの輝きに満ちた空間。

（上）御堂筋側の玄関ホールの天井ディテール。星形のくぼみのなかに彩色された星形模様が施されている。星形のアラベスク模様の反復は、素材や色、形を変えて建物のあちこちに顔をのぞかせる。（左）心斎橋側の入口ディテール。繊細な意匠をもつ、大丸の顔ともいうべきクジャクのレリーフは、テラコッタ製。

TRIVIA

アールデコ

アールデコは20世紀前期に台頭した新時代の意匠。鉱物の結晶のような形、ジグザグ模様、直線や円などを組み合わせた幾何学的な形、金属質の光沢などを特徴とします。建物では、ニューヨークのクライスラービルやエンパイアステートビルなどが代表例で、日本でも東京都庭園美術館などに最良の実例を見ることができます。

幾何学的な装飾で彩られた１階のエレベーターホール。創建当初からの意匠を残している。

心斎橋という大阪を代表する商業地に位置する大丸心斎橋店《だいまるしんさいばしみせ》は、ヴォーリズの設計で昭和8年に完成しました。外観は、1、2階は大きなショーウィンドウのまわりを白い石材がめぐり、３階からは茶褐色のスクラッチ・タイル張りで、最上階は白い幾何学模様のテラコッタで縁取られています。最も目を引くのが隅に掲げた塔屋。新時代の象徴たるアールデコの意匠をまとって高くそびえ立ちます。アールデコは外観にとどまらず、たとえば1階売場の天井は幾何学が支配し、眩いばかりに光り輝きます。百貨店なので幾度かの改装がありましたが、エレベーターホールまわりや、心斎橋筋側の入口上部に見えるクジャクのテラコッタなどは往時の意匠を今に残しています。ショッピングの悦楽を提供する、現在では希有な存在となった華やかな百貨店です。

（上）大阪のメインストリートである御堂筋に堂々たる外観を誇る。（左）階段の親柱にもアールデコがひそむ。

設計者 ウィリアム・メレル・ヴォーリズ
DATA 所在地：大阪府大阪市中央区心斎橋筋 1-7-1
アクセス：地下鉄御堂筋線「心斎橋駅」（南北改札、南南改札）より地下道直結
営業時間：10：00〜20：00（※フロアにより異なります）

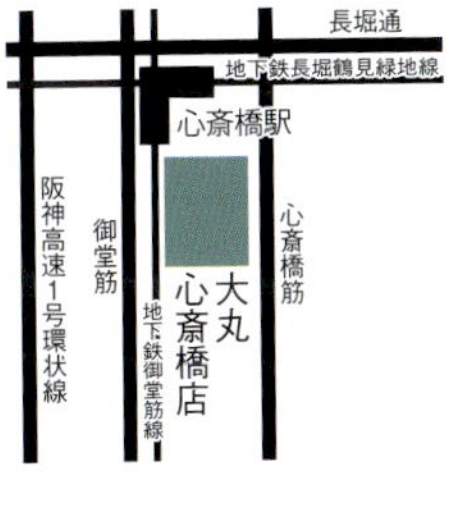

MUKOGAWA WOMEN'S UNIVERSITY
KOSHIEN HALL

「西の帝国ホテル」とよばれた
ライト色の濃い名門ホテル 登録

旧甲子園ホテル

（武庫川女子大学甲子園会館）

南西から見た外観。水平に伸びる主要階の奥に塔状のブロックが立ち上がるダイナミックな造形。

甲子園球場を含む総合レジャー施設の一角に計画された甲子園《こうしえん》ホテルは設計にライトの弟子、遠藤新《えんどうあらた》が抜擢され、昭和5年に完成しました。全体の構成は、翼を広げるように左右対称に低く伸びる主要階が水平線を強調し、両脇に塔状ブロックがそびえ立つことで記念碑性を高めています。この1階に主要室であるグリルとバンケットホールがあり、2〜4階は客室で、ラウンジを中心に各室が展開します。ここに、竜山石《たつやまいし》や素焼のタイルなど多様な素材を用いた正方形をモチーフにした装飾タイル、日華石《にっかせき》によるレリーフなど彫りの深い装飾が壁面を埋め尽くすなど、さまざまなテクスチャーをもつ素材や装飾をまとっています。水平線の強調と、豊潤な装飾、そして流れるような空間の展開はライト作品の特徴です。ライトの衣鉢《いはつ》を継ぐ名ホテルといえるでしょう。

旧バンケットホール。金色に塗られた石膏彫刻が連なる、建物のなかで最も華やかな空間。

（左）南側のテラスの軒を支える壁柱のディテール。軒から垂れる水滴のようなデザインが面白い。奥の壁には正方形をモチーフに凸凹をつけたライト風の装飾タイル。（下）正面外観を見る。左右対称に低く伸びる主要階の両脇に塔状のブロックが立ち並ぶ。

TRIVIA

甲子園ホテル

ホテルの開設にあたっては、帝国ホテルの支配人で知られた林愛作《はやしあいさく》が招かれました。遠藤新を抜擢したのも林です。皇族の投宿《とうしゅく》も受けた格式の高さは「西の帝国ホテル」とも称されました。現在は大学校舎となり、客室の大部分は教室に改められましたが、それでも外観や主要な意匠は当時の姿を残し、ライト風のデザインを今に伝えています。

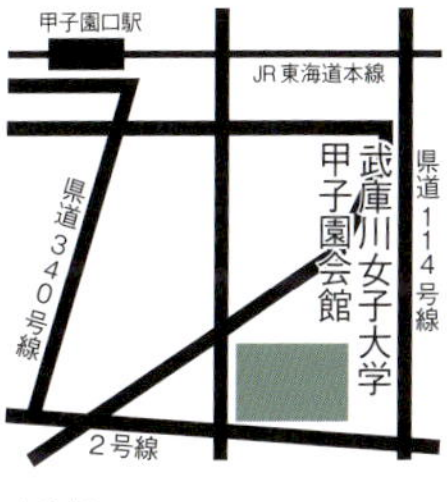

設計者 遠藤新
DATA 所在地：兵庫県西宮市戸崎町 1-13
アクセス：JR 東海道本線「甲子園口駅」から徒歩 10 分
見学情報：事前予約が必要です（0798-67-0290）

KOBE COLLEGE

中世の修道院を想わせる
キャンパス 重文

神戸女学院

梁に施された彩色の模様が愛らしい図書館本館2階の閲覧室。アーチ窓は北向きに開き、安定した光を閲覧室に届ける。

神《こう》戸女学院《べじょがくいん》が、岡田山《おかだやま》とよばれる丘陵の現在地に移転したのは昭和8年。キャンパス全体の配置計画と建物の設計は、ヴォーリズが手がけました。各建物は、自然の地形に寄り添うように配置され、中心には広大な中庭を内包しています。この中庭を総務館、文学館、理学館、図書館が囲みます。外観は、スクラッチ・タイルやS字瓦などを用いたスパニッシュ・ミッションで統一しつつ、微妙に変化させた装飾で個性をもたせるなど、意匠的にも調和のとれた学舎群です。内部で目を引くのは図書館本館2階の閲覧室で、梁に施された彩色の模様がアーチ窓の光を通して浮かび上がる、なんとも華やいだ空間です。各建物をつなぐ回廊を歩くと、中庭越しに建物の影が見え、中世の修道院を想起させます。学ぶことの喜びに満ちたキャンパスです。

TRIVIA
ウィリアム・メレル・ヴォーリズ

アメリカ生まれの建築家。英語教師として明治38年に来日。その後、建築設計事務所を設立し、数多くの建築を日本に遺しました。代表作に神戸女学院、大丸ヴィラ、大丸心斎橋店(p.136)、山の上ホテル、豊郷《とよさと》小学校などがあります。現在の近江兄弟社《おうみきょうだいしゃ》の創立メンバーとしてメンソレータムを日本に普及させた実業家の顔ももっています。

（上）総務館からキャンパスを見る。中庭の周囲を建物が囲う形式は、中世の修道院のスタイルを彷彿とさせる。正面が図書館、右手が理学館、左手が文学館。（下）総務館の左脇にあるチャペル内部。石張りの壁が静かで落ち着いた印象を与える。ロウソクをイメージするような明かり取りの窓も効果を増幅させている。

設計者 ウィリアム・メレル・ヴォーリズ

DATA 所在地：兵庫県西宮市岡田山 4-1
アクセス：阪急電鉄今津線「門戸厄神駅」から徒歩 10 分
見学情報：一般公開日あり（事前申し込み制）。実施日程と申し込み方法についてはHPをご確認下さい。
http://www.kobe-c.ac.jp/

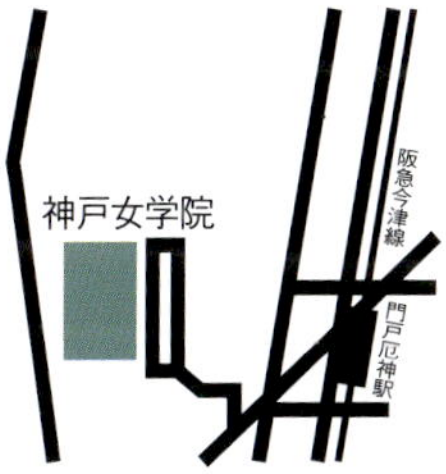

ENGYO-JI MANI-DEN

積層する組物が壮観な懸造りの仏堂 登録

圓教寺 摩尼殿

映画『ラストサムライ』の撮影地にもなった中世以来の名建築を擁する名刹圓教寺のなかにあっても、摩尼殿は中心仏堂としての存在感を放っている。

仏堂内部の外陣を見る。柱間を梁や海老虹梁《えびこうりょう》でつなぎ、内陣と外陣の境は格子戸で結界している。

姫路市の書写山《しょしゃざん》にある圓教寺《えんぎょうじ》は、天台宗《てんだいしゅう》の別格本山《べっかくほんざん》です。摩尼殿《まにでん》は広い山内のほぼ中央に位置し、設計は武田《たけだ》五一《ごいち》、請負工事は伊藤平左衛門《いとうへいざえもん》で昭和8年に再建されました。桁行《けたゆき》9間、梁間《はりま》7間、入母屋《いりもや》造、本瓦葺《ほんかわらぶき》の本格的な大型仏堂です。急な傾斜面に建つため、仏堂の前方を長い束柱で支える「懸《かけ》造《づく》り」の形態をとっています。懸造り自体は、京都の清水寺のように斜面に建つ堂などに見受けられますが、この建物の圧巻は、懸造りの束柱から伸びる肘木《ひじき》という横材を三重に重ねた組物《くみもの》で縁を支える壮観な姿です。さらに、上方の仏堂も2段の肘木と尾垂木《おだるき》からなる組物で深い軒を支えており、下から見上げれば木組が何重にも積層し、これが桁行方向に向かって展開するため、壮大な組物群となって眼前に迫ります。当代きっての名デザイナー武田五一の手による近代の和風建築の一大傑作です。

設計者 武田五一

DATA 所在地：兵庫県姫路市書写 2968

アクセス：ＪＲ・山陽電鉄「姫路駅」から神姫バス「書写ロ- プウェイ行」で終点下車、ロープウェイで山上までのぼり、その後徒歩 15 分

見学情報:8:30 ～ 17:00（季節によって変動あり）

入山時、志納金として 500 円をお願いしています。

NARA HOTEL

古都奈良を代表する
和風デザインの洋式ホテル

奈良ホテル

1階ロビーラウンジ。柱型や二重の長押を表し、天井を折上格天井とするなど和風意匠で統一している。

古都奈良を訪れる外国人観光客を迎える迎賓館として、奈良ホテルは明治42年に竣工しました。奈良公園の東、荒池《あらいけ》越しに望めば入母屋《いりもや》の瓦葺き屋根が連なり、あたかも和風宮殿のようにも見えます。玄関から入ると内部は2階までの吹抜けで、大階段を上った2階にギャラリーがまわる空間構成は西洋のものですが、ここも和風意匠で統一されています。1階の柱上には舟肘木《ふなひじき》が載り、ギャラリーには高欄《こうらん》をめぐらせ、天井は折上格天井《おりあげごうてんじょう》としています。ギャラリーの下端を軒蛇腹《のきじゃばら》風《ふう》に処理するところも秀逸です。このホテルは、吹抜けのホールや洋室を主体とした客室など、基本的なサービスや空間の構成は、西洋のホテルと変わるところがありません。しかし、和風屋根を載せた伝統的な意匠にすることで、上手に日本の印象をつくり出すことに成功しています。

TRIVIA

辰野金吾の木造建築

設計は辰野片岡建築事務所《たつのかたおかけんちくじむしょ》といわれています。赤レンガの辰野式で知られる辰野金吾《たつのきんご》の作品とは意外に思われますが、関西でパートナーを組んだ片岡安《かたおかやすし》とは木造駅舎の浜寺公園駅《はまでらこうえんえき》、アールヌーボーの松本家住宅など、瀟洒な木造建築も設計しており、奈良ホテルも和風の木造ホテルとして、この系譜の一つととらえることができるでしょう。

木造2階建、入母屋造の本館正面には、切妻屋根を架けた玄関車寄せを張り出す。漆喰壁に柱型や桁を見せる真壁造風だが、近代の建築らしく、階高が高い。屋根の棟先には奈良時代の建築に見られる鴟《し》尾《び》（沓形の装飾）を載せている。

（上）開放感のある吹抜けの玄関ホール。2階にギャラリーがまわり、天井は格天井。1階の柱上に舟肘木が載り、ギャラリーに高欄がめぐるなど和風意匠で統一されている。（右）客室は、柱や長押を表すなど、和風の意匠だが、天井が高く、ベッドを置くなど、スタイルは洋式。

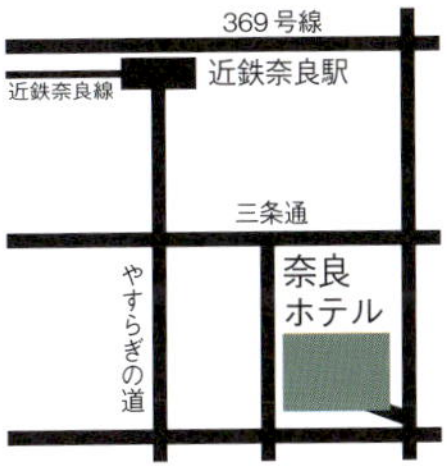

設計者 辰野片岡建築事務所

DATA 所在地：奈良県奈良市高畑町1096

アクセス：近鉄奈良線「近鉄奈良駅」から徒歩約15分

見学情報：宿泊者、レストラン利用者に限り見学可能です。営業時間、宿泊についてはHPをご確認下さい。http://narahotel.co.jp/

FORMER NARA PREFECTURE COMMERCIAL MUSEUM

名勝奈良公園にたたずむ
さまざまな建築様式が融合した物産展示場 重文

旧奈良県物産陳列所

（奈良国立博物館仏教美術資料研究センター）

外観。平等院になぞらえた構成でベースは和風のデザインだが、２階両脇の丸窓やイスラム風アーチの窓が伝統的な約束事をやぶっていて面白い。

旧《きゅう》奈良県物産陳列所《ならけんぶっさんちんれつしょ》は、奈良県下の殖産興業と物産の展示即売場として、明治35年に竣工しました。設計は、当時奈良県で古社寺の修理にあたった関野貞《せきのただし》。建物は木造桟瓦葺《さんがわらぶ》きで、外観は中央部を高くし、両翼部の端に楼を飾るなど、平等院鳳凰堂《びょうどういんほうおうどう》をなぞらえたような構成です。1、2階の間に庇《ひさし》をめぐらし、中央に千鳥破風《ちどりはふ》をつけ、唐破風《からはふ》の玄関車寄せを張り出すなど、卓越した和風のデザインを誇ります。ほかにも2階に高欄がめぐり、柱上には舟肘木《ふなひじき》を載せ、玄関上部に蟇股《かえるまた》をつけるなど、細部にわたって和風意匠が散りばめられています。しかし、2階窓はイスラム風アーチとするなど、和風以外の要素を入れる遊びも見せます。この建物は名勝である奈良公園の景観との調和を図り、和風意匠を基調とした建物ですが、東西の様式を取り入れた点に、新しい時代のセンスが感じられます。

中央ホールの中心飾り。パルメット（植物文様）をあしらった透かし彫りが施されている。

中央ホール。2層吹抜けの高い天井に、2階にギャラリーをまわす。ギャラリーの手摺を刎高欄《はねこうらん》とするなど内部にも和風の意匠を取り入れている。

TRIVIA

明治の奈良景観問題

同じ敷地には奈良国立博物館が建っています。京都国立博物館同様、片山東熊《かたやまとうくま》が設計したフレンチ・ルネッサンスの建築ですが、建設当時、これが古都奈良の風致に合わないと批判を受けました。このため、その後の県庁舎や物産陳列所などは、機能や空間構成は西洋のものとしながらも意匠的には和風を意識した表現となりました。

設計者 関野貞

DATA 所在地：奈良県奈良市登大路町50番地

アクセス：近鉄奈良線「近鉄奈良駅」から徒歩約15分

見学情報：公開日　毎週水・金曜 9：30～16：30　入館には利用手続きを行って下さい。

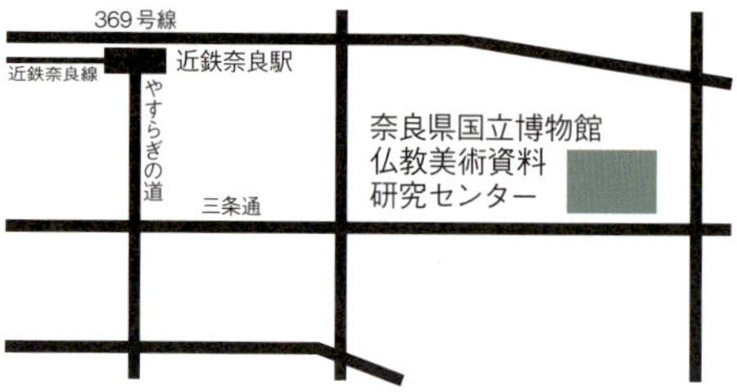

玄関車寄せの上部の詳細。唐破風の軒下には懸魚（げぎょ）を下げ、棟先には鬼瓦が載る。2階にはイスラム風の多弁状アーチが特徴的な窓を設けている。

FORMER TAISHA STATION

出雲大社の門前に建つ
神社を意識した和風の駅舎 重文

旧大社駅

明治以降、各地に敷設された鉄道は、近代化のシンボルとして駅舎に洋風のデザインを採用したが、大社駅では出雲大社を意識し、和風でまとめられた。

旧《きゅう》大社駅《たいしゃえき》は出雲大社《いずもたいしゃ》参拝の表玄関として明治45年に開業。現建物は大正13年に建築されました。出雲大社の存在を強く意識し、駅舎もそれに呼応するような和風の意匠となっています。外観は、中央に一番背の高い切妻の中央棟があり、両脇に入母屋《いりもや》屋根の翼屋《よくや》を張り出します。中央棟は切妻の妻を見せた車寄せを突出させ、上部にも千《ち》鳥破風《どりはふ》を載せるなど正面性が強調されています。各屋根の棟先には鴟尾《しび》という棟飾りが載り、車寄せに蟇股《かえるまた》、虹梁《こうりょう》がつくなど和風要素が満載です。内部は天井の高い待合室で、白漆喰に柱型を表し、天井は折上格天井《おりあげごうてんじょう》で、中心飾りには立体的な鏝絵《こてえ》を施すなど、格調高い仕上げです。また、工芸品のような美しい切符売り場があり、窓口上部には千鳥破風が取り付くなど、これもまた和風空間の純度を高めるアクセントになっています。

待合室内部。漆喰の小壁に折上格天井など、和風宮殿の広間のような空間。

設計者 丹羽三雄

DATA 所在地：島根県出雲市大社町北荒木 441-3

アクセス：JR「出雲市駅」からバス「出雲大社・日御碕・宇竜行」で「旧 JR 大社駅」下車、徒歩1分

見学時間：9：00 〜 17：00

TRIVIA

駅舎の名建築

重要文化財の駅舎には、本書にも収録した東京駅(p.14)、門司港駅(p.166)があります。また、辰野金吾設計のかわいらしい浜寺公園駅や、屋根形状が独特な出雲大社前駅をはじめ、小樽駅、日光駅、原宿駅、宇治山田駅、高野山駅、奈良駅、琴平駅などが地域の顔として各地に残り、田園調布駅や軽井沢駅などは解体後も同じ形態で再現されています。

WATANABE OU MEMORIAL HALL

巨大な円柱が林立する近未来空間 重文

渡辺翁記念会館

重厚な外観から一転、低く抑えられた天井高のなか、ブルーからオレンジのグラデーションが施された円柱が林立するユニークなエントランス。

宇《う》部《べ》市《し》の発展に寄与した渡辺祐策《わたなべすけさく》を記念する会館として昭和12年に完成。設計は村野藤吾《むらのとうご》で、村野の戦前における代表作です。前面には弧を描くように6本の柱がそびえ立ち、建物の記念碑性を象徴的に示しています。正面は、曲率の違う三つの面の組み合わせでできており、これが黒褐色の塩焼きタイルが張られた重厚なファサードに躍動感を与えます。内部は一転して、華麗な空間です。とくにエントランスはブルーからオレンジのグラデーションが施された円柱が林立し、妖艶なまでの美しさを誇ります。2階のホワイエも、市松模様の床タイルに褐色の大理石の柱が並び、ガラスブロックから入る光が充満する心地よい場所です。全体の造形をダイナミックに構成し、大胆な色彩感覚をもって華麗な細部装飾を施すなど、後の村野の偉業を予感させる建物です。

外観正面。黒褐色の塩焼きタイル、正面袖壁の炭鉱労働者のレリーフ、深い陰影を生み出す庇などが、建物全体を重厚なものとしている。

（上）2階への階段は外壁のアールを反映して緩くカーブしながら上っていく構成。トップライトのユニークな造形にも注目したい。（下）2階のホワイエ。美しい光沢の市松模様の床タイルに、地元長門産の褐色の大理石の柱が林立し、ガラスブロックからの光が差し込む。

TRIVIA

村野藤吾（むらの とうご）

村野藤吾は、早稲田大学卒業後、関西建築界の重鎮渡辺節《わたなべせつ》の事務所で、西洋の古典的な様式建築の基礎をたたき込まれました。独立後も様式建築のもつ社会的な意味を踏まえつつ、建築家の主体性を発揮した名作品を多数生み出しました。代表作には世界平和記念聖堂、日本生命日比谷ビル（p.38）、新高輪プリンスホテルなど。

設計者 村野藤吾

DATA 所在地：山口県宇部市朝日町 8-1

アクセス：JR「宇部新川駅」から徒歩 3 分

見学情報：平日 9：00 ～ 17：00

※事前予約が必要です（0836-31-7373）

DOGO ONSEN

和風の屋根を賑やかに重ねる
道後温泉のシンボル 重文

道後温泉本館

複雑な屋根の重なりが印象的な外観。松山市の旧制松山中学に赴任した夏目漱石も毎日のように通ったといい、代表作『坊っちゃん』のなかで「住田の温泉」として登場させている。

明治27年から昭和にかけて増改築が続けられた、道後温泉《どうごおんせん》のシンボルともいうべき温泉施設。まずは複雑な屋根に目が奪われます。入母屋《いりもや》の屋根に白鷺の舞う方形屋根、唐破風《からはふ》にむくり屋根など、さまざまな形の屋根が重なり合い、どこまでが一つの建物なのかわかりません。実は、この建物は4つの建物が一体となっており、そのことが外観を複雑にしているのです。右手の方形屋根の望楼を載せた3層の建物が神の湯棟で、左手の御成門《おなりもん》がある建物が又新殿《ゆうしんでん》・霊《たま》の湯《ゆ》棟です。又新殿は皇室専用の浴室としてつくられました。この裏手にも2棟あり、したがって建物のまわりをぐるりと巡ると、高欄付きの休憩室、入り組んだ唐破風、武家屋敷のような御成門と、各面で全く異なる様相を見ることができ、飽きることがありません。このような過剰な意匠は伝統建築にありえない、近代的なデザインで、温泉らしさを追求した結果生まれた新しい意匠なのです。

設計者　坂本又八郎

DATA　所在地：愛媛県松山市道後湯之町5-6
アクセス：各線「松山駅」から路面電車「道後温泉駅」下車
営業時間：6：00～22：00（神の湯・階下は～23：00）／入浴料　神の湯（階下）大人410円、神の湯（2階席）大人840円、霊の湯（2階席）大人1250円、霊の湯（3階個室）大人1550円

MOJIKO STATION

堂々たるルネッサンス様式の
終着駅 重文

門司港駅

門《も》司港駅《しこうえき》の歴史は、明治24年に開業した門司駅にはじまります。当時、九州まで鉄道で行くには、関門連絡線という船で本州の下関から九州の門司に渡り、そこから九州鉄道に乗り換える必要がありました。したがって門司駅は、九州鉄道のターミナル駅（終着駅）であり、行き止まりのホームの突き当たりに、門型の駅舎を構えています。現在の駅舎は2代目で大正3年の竣工です。左右対称で、木造ながら目地を切って石造風に見せ、2層を貫く柱型を立てた堂々たるルネッサンス様式の建物です。中央にはペディメントを掲げ、屋根に円形の時計、両脇にドーマー窓を飾るなど、中心性を強調しています。両脇もやや前方に出し、頂部四面にアーチ窓付の切妻を表して塔屋状に飾ります。全体を古典的にまとめた比例バランスのよい、細部装飾も豊かな美しい駅舎です。

駅前は噴水のある広場で、駅舎の全景を見ることができる。中央部の左右には平屋の翼屋が張り出し、事務室や待合室、食堂などとなっている。

設計者　鉄道院九州鉄道管理局工務課

DATA　所在地：福岡県北九州市門司区西海岸 1-5-31

アクセス：JR「門司港駅」下車すぐ

見学情報：現在門司港駅駅舎は大規模保存修理工事中です。※列車は通常通り運行しており、手水鉢、トイレ、洗面所もご覧いただけます。

名建築でたどる日本の近代建築

※本書で取り上げた建物は**太字**で示した

「はじめに」でも触れたように、本書に収録した建築は、荘厳なネオバロックの宮殿をはじめ、大工が建てた擬洋風の学校、赤レンガの銀行、伝統建築の系譜を継ぐ近代和風のホテル、戦後モダニズムの美術館まで多岐にわたる。

ここでは、西洋の様式建築の原点を押さえつつ、これらの建築が生み出された時代背景を振り返り、歴史の中に位置づけることで、本書鑑賞の手引きとしたい。名建築でたどる日本近代建築史である。

様式建築の系譜

まずは、西洋の様式建築の系統を理解しておくと近代建築の見方がぐっと深まる。19世紀以来の様式建築の流れを古典主義／ゴシック建築の系譜をたどることでざっとおさらいしておこう。

明治維新以降、日本が西洋の建築に倣って洋風の建築をつくりはじめたとき、当時の西洋では歴史的な様式建築時代の末期をむかえ、ルネッサンス、バロックといった古典主義の様式、ゴシックを主とした様式を中心に、これら過去の建築様式を選択したり、折衷させることで建築をつくる方法をとっていた。

■ 古典主義の系譜

古典主義とは、ギリシア、ローマの建築を基本とし、オーダーという手法を用いるものである。オーダーの説明はやっかいだが、柱の形態とプロポーションの約束事を示すものと思ってほしい。この系譜にはドーリック、イオニア、コリントといったギリシア、ローマの神殿時代のオーダーから、これを近世以降に復活させたルネッサンス、バロックなどが含まれる。19世紀には、これらをリバイバルしたネオルネッサンスなどが流行し、地域の特色を踏まえてイギリス・ルネッサンス、フレンチ・ルネッサンスなどとよばれた。

明治の近代建築も、古典主義の系譜に属するものが多い。とくに明治建築の最後をかざる**迎賓館《げいひんかん》赤坂《あかさか》離宮《りきゅう》**はネオバロックの壮大さをよく示している。

■ ゴシックの系譜

一方古典主義と並ぶ代表的な西洋建築の様式がゴシックである。中世の大聖堂で知られるこの様式は、天を目指すような垂直性の強いデザインがポイントで、尖頭《せんとう》アーチやバットレスといったディテールがゴシックの特徴を示している。19世紀のヨーロッパではこのゴシックをリバイバルさせた建築が多く建てられた。

20世紀に入るとゴシック末期や、近世初期のクイーンアンなどの様式が好まれるようになり、日本でも、レンガ造で簡略化されたゴシック様式の建築が多く建てられるようになった。明治の洋館というと赤レンガのイメージが強いが、当時のイギリスの流行が日本へ波及したものである。**東京駅**で著名な辰野《たつの》金吾《きんご》の辰野式も、赤レンガを外壁に見せ、白い石材を帯状にめぐらすイギリスのクイーンアンに範をとったスタイルとみてよい。

明治の洋風建築

■ 擬洋風建築

さて、ここからは、日本における近代建築の歴史を振り返ってみよう。まずは、擬洋風である。

日本に最初に洋風建築がもたらされたのは幕末に開かれた居留地である。居留地には外国人の指導のもと、洋風の住居、商館、教会などが次々と建設された。これらの建物に刺激を受けた大工棟梁たちが、地方で見よう見まねで洋風の建物を建て、文明開化の象徴とした。これが擬洋風建築である。木造だが、漆喰塗りに目地をいれて石積み風とするなど、さまざまな手法で洋風意匠を表現した。

旧《きゅう》開智《かいち》学校《がっこう》は、そんな擬洋風の代表格である。彫刻を重ねた車寄せの上にエンジェルが舞う、なんとも過剰な表現が擬洋風の真骨頂を示す。一方、大工棟梁ながら地元弘前に多くの洋風建築を残した堀江《ほりえ》佐吉《さきち》は、ルネッサンス風の堂々たる外観をもつ**青森銀行記念館**を建てた。

■ コンドル来日

そんな民間ベースの動きとは別に、明治政府は都市・建築の近代化のため、西洋建築の技術をもつ外国人を招き、日本人建築家の育成に努めることとした。とりわけ日本の建築界に大きな影響をもたらしたのがコンドルである。工部大学校造家学科（後の東京大学建築学科）の初代専任教授となったコンドルは、西欧建築の様式や意匠、技術について精力的に教育した。後年は設計事務所を開き、三菱など財閥系の事務所や邸宅建築を手がけた。なかでも**綱町《つなまち》三井《みつい》倶楽部《くらぶ》**は名作の呼び声が高い。

■ 日本人建築家の登場

さてコンドルは、明治12年、工部大学校から第1期の卒業生を送り出す。辰野金吾、曽禰達蔵《そねたつぞう》、片山東熊《かたやまとうくま》、佐《さ》立七次郎《たちしちじろう》の4人である。名実ともに彼らを出発点に日本の近代建築は自立の途を歩みだす。首席の辰野は英国へ留学し、帰朝するとコンドルに代わって教授となり、以後アカデミーに君臨して後進の育成に努めた。作風は赤レンガの辰野式で知られ、**東京駅**や**岩手銀行旧本店本館**はその代表例である。

曽禰は、戦前最大の建築事務所である曽禰中條建築事務所を主宰し、その出発点は**慶應義塾図書館旧館**である。佐立は地味な存在ながら**日本郵船株式会社小樽支店**を残した。

一方、片山は宮廷建築家として皇室関係の建物を一手に手がけた。初期作品である**京都国立博物館**はフレンチ・ルネッサンスにつらなる穏やかな建物だが、その後、片山率いる宮内省内匠寮《くないしょうたくみりょう》の意匠はバロック的な色合いを増していく。**表慶館《ひょうけいかん》**にもその傾向が認められるが、何といっても圧巻は明治末期を飾る一大モニュメント、**迎賓館赤坂離宮**である。国内有数の技師、画家、装飾家、工芸家を結集し、11年の歳月を費やして明治42年に完成した壮大なネオバロックの宮殿は、明治という時代を今に示す記念碑的な建築となった。

明治後期からの多様な展開

■ アイデンティティの模索

こうして明治を通じた西洋の様式建築の習得は、**迎賓館赤坂離宮**の竣工をもって一応の完成をみた。しかし、初期の日本人建築家の作品は、西欧建築の学習と、その成果の公表といった面をもち、どこか硬さが残っていたのは確かである。

ところが、明治末から大正にかけて活躍した建築家には、様式を自家薬籠中《じかやくろうちゅう》の物とし、かつそこに自らの個性を発揮する者が現れた。また、自らのアイデンティティを求め、日本の伝統建築や東洋の意匠を取り入れることで独自性を発揮しようとする者もいた。

西欧の単なる模倣をやめ、自らの意識で建築を考えはじめた彼らはいかなる意匠を生んだのか。

■ 様式建築のさらなる習熟

まずは様式建築、とりわけ古典主義建築のさらなる習熟である。様式的な完成度の高さを誇った建築家の一人に中條精一郎《ちゅうじょうせいいちろう》がいるが、代表作の一つ**山形県旧県庁舎**は、

ジョサイア・コンドル
(1852-1920)
イギリス出身の建築家。おもな作品に、鹿鳴館、島津邸(現・清心女子大学本館)、古河虎之助邸(現・旧古河庭園大谷美術館)などがある。
トリビア➔p.23

辰野金吾 (1854-1919)
「日本近代建築の父」ともよばれ、明治から大正の建築界で指導的役割を果たした。おもな作品に、日本銀行本店、東京駅などがある。
トリビア➔p.83

曽禰達蔵 (1853-1937)
三菱に入社し、三菱三号館などの丸の内オフィス街の建設にあたった。のちに後輩の中條精一郎と戦前最大の設計事務所を開設した。

片山東熊 (1854-1917)
工部省を経て宮内省に出仕。迎賓館赤坂離宮や新宿御苑御休所など、多くの宮廷建築を手がけた。
トリビア➔p.9

佐立七次郎 (1856-1922)
東京をはじめ、横浜や名古屋など各地の日本郵船会社社屋を設計した。そのほかの作品に日本水準原点標庫がある。

中條精一郎 (1868-1936)
曽禰達蔵とともに曽禰中條建築事務所を設立し、明治屋京橋ビルや講談社ビルなど、数多くのオフィスビルを手がけた。

イギリス・ルネッサンスを基調とした重厚な造りである。

明治も末年頃に東京帝大を卒業した建築家ともなると、様式の名手・奇才と称される、あらゆる様式を自在に操る建築家が出現した。関西を中心に活躍した渡辺節《わたなべせつ》もそんな一人で、**綿業会館**《めんぎょうかいかん》は彼が手持ちの様式を駆使した大作である。様式の奇才といえば岡田信一郎《おかだしんいちろう》も忘れられない。様式に精通し、和風から古典主義様式まで自在にこなした。**明治生命館**はそんな彼の遺作にして、我が国古典主義建築の一大傑作である。

■ **辰野式の波及**

また、明治末以降に目を引くのが辰野式の波及で、辰野金吾の個人様式を超え、近代建築に一つのジャンルを確立した。**大阪市中央公会堂**や**横浜市開港記念会館**は、いずれも設計競技で選ばれたものだが、採用された案も含め、応募案には辰野式が多数あったところに当時のデザイン動向がうかがえる。

■ **伝統様式の消化**

さらに、自らのアイデンティティを模索していた明治中期以降の建築家にとって、自らの伝統と西欧との架橋は最重要課題の一つであった。インド、イスラムの様式を媒介として西欧建築との融合を図る者もいたし、古建築の組物《くみもの》や蟇股《かえるまた》などの細部意匠を直接的に挿入する者もいた。

伊東忠太《いとうちゅうた》はこの系統の最大の実践者で、まずは歴史に遡って自らの立脚点を確認するため日本建築の歴史を体系化した。また、日本建築の源流を求めて中国、インドからヨーロッパへと至る旅に出、そこから着想を得た意匠を自らの作品に取り入れた。**大倉集古館**《おおくらしゅうこかん》などの習作もあるが、異形のインド風仏殿である**築地本願寺**は規模においても構想においても伊東の代表作となっている。

また、関野貞《せきのただし》の**旧奈良県物産陳列所**は伝統や異国の意匠を追求する最初期の事例であり、稀代の名デザイナー武田五一は**圓教寺摩尼殿**《えんぎょうじまにでん》という近代仏堂の傑作を生み出した。

■ **外国人建築家**

こうした日本人建築家の活躍と併行し、外国人宣教師として来日し、各地にキリスト教関連の施設を設計した人たちがいる。ガーディナーはその代表格で、**長楽館**《ちょうらくかん》、**京都聖ヨハネ教会堂**など多数の作品を残した。

また、来日した外国人建築家といえば、フランク・ロイド・ライトを挙げない訳にはいかない。豊潤な装飾が特徴的なライトの作風は、**帝国ホテル**や**自由学園明日館**《じゆうがくえんみょうにちかん》などに遺憾なく発揮された。さらに、**帝国ホテル**の現場でライトの薫陶を受けた遠藤新《えんどうあらた》やレーモンドらは、**旧甲子園ホテル**や**東京女子大学**などでライト色の濃い建築を遺した。

■ **セセッション・アールデコ・スパニッシュ**

明治末から大正頃になると、世紀末に西欧で勃興《ぼっこう》した新しい潮流、すなわちアールヌーボーやセセッションが日本にも流入してくる。とくにセセッションにみられる、全体構成は古典的なまま細部を幾何学化する手法は、日本でも大いに流行した。**日本工業倶楽部会館**はその一例である。アールデコも、曲線や幾何学的な造形が特徴的な新時代の意匠だが、**大丸心斎橋店**にその発露が認められる。設計者のヴォーリズは時代の流行を取り入れるのに長け、**神戸女学院**はスパニッシュ・ミッションの傑作となった。

■ **様式建築とモダニズムの間で**

20世紀は西欧そして日本でも、過去の様式建築を乗り越えようとする運動が生じた時代である。セセッションもその一潮流だが、もっとラジカルに様式建築を否定したモダニズムがやがて時代の主流となった。しかし、様式建築のもつ社会的な評価も持続しており、この葛藤の中で活躍した建築家もいた。

たとえば村野藤吾《むらのとうご》は、大学卒業後、渡辺節の事務所で様式建築をたたき込まれる。独立後も、様式建築と社会の関係性について考慮しつつ、建築家の主体性を確保しようとした。**渡辺翁記念会館**《わたなべおうきねんかいかん》はそんな村野の戦前の代表作で、様式建築の手法を残しつつ、作家の個性を発揮した優品である。戦後も、モダニズムの絶頂期にあって独自の表現があふれだした**日本生命日比谷ビル**などを世に問うた。

また、渡辺仁《わたなべじん》も様式の効用を熟知し、あらゆる様式をこなした。たとえば**東京国立博物館本館**は伝統建築のモチーフを配して非の打ちどころがない。まさに名人芸の名に値する建築家であった。

■ **近代和風建築**

一方、こうした西洋を主体とした様式の展開とは別に、近代以降も伝統的な和風意匠をもつ建物は建てられ続けた。これらを近代和風建築という。とくに景勝地に建つリゾートホテルなどは外国人客も多く、彼らに日本の印象をもたらすため和風意匠が強調された。**富士屋ホテル**や**奈良ホテル**にその典型例を見ることができる。さらに、**旧大社駅**《きゅうたいしゃえき》や**道後温泉本館**《どうごおんせんほんかん》、**南座**《みなみざ》などは、周囲の風致や建物の用途を考慮して和風意匠が採用された。

モダニズムへ

大正から昭和初期にかけては、近代的な自我の目覚めから、過去の様式に依らない独創性を重視した作風が勃興した。佐藤武雄《さとうたけお》は**早稲田大学大隈記念講堂**《わせだだいがくおおくまきねんこうどう》で個人的な表現意欲があふれるホールを生み出し、吉田鉄郎《よしだてつろう》は北欧やドイツの表現に創造の源泉を求めて**旧京都中央電話局上分局**《かみぶんきょく》をつくった。

さらに、年号が昭和に変わる頃からは、鉄とガラスとコンクリートといった新しい材料を用い、幾何学が全体を支配するようなモダニズムが本格的に台頭してくる。坂倉準三《さかくらじゅんぞう》の**神奈川県立近代美術館 鎌倉**は、鉄骨のピロティによる軽やかな表現と、周囲の環境と一体となった構成が清々しい空間を生み、戦後モダニズムの隆盛を予感させる指標となった。

おわりに

さて以上、日本の近代建築の歴史を駆け足で振り返ってみた。わずか100年程度の時代の流れのなかに、実に多様な建築が生み出されたことが理解できるであろう。こうした歴史の流れや様式を踏まえつつ、さらに、同じ作家の作風の変化を見ていくのも面白い。本書で複数の作品を取り上げた建築家にも、作風の変遷《へんせん》が見て取れる。

典型的なのが片山東熊で、初期のフレンチ・ルネッサンスから、後期の壮大なネオバロックへの展開は、**京都国立博物館**から**迎賓館赤坂離宮**へといたる軌跡《きせき》のなかに認めることができる。渡辺仁は、古典主義からモダニズムまでこなしたが、本書で取り上げただけでも、古典主義的な**ホテルニューグランド**から帝冠様式の**東京国立博物館本館**、**愛知県庁舎**まで幅広い作風をこなした。

様式を押さえ、作家ごとの作風をたどっていくことで、さらなる建築への理解が深まる。是非その深みに自らはまり、近代日本の建築の世界を堪能いただきたい。

岡田信一郎（1883-1932）
おもな作品に歌舞伎座、鳩山邸（現・鳩山会館）などがある。また、関東大震災で倒壊したニコライ堂のドームと鐘楼の再建にも関わった。
トリビア➔p.13

伊東忠太（1867-1954）
平安神宮などの神社建築、仏教寺院から大学キャンパスまで、幅広いデザインをこなした。妖怪や動物を建物に施すことでも有名。
トリビア➔p.27

ジェームズ・マクドナルド・ガーディナー（1857-1925）
アメリカ出身の建築家。宣教師として来日したが、その後建築家に転身。数多くの日本聖公会系の建物の設計を手がけた。
トリビア➔p.123

フランク・ロイド・ライト（1867-1959）
アメリカ人の建築家。水平線を強調した装飾あふれるデザインが特徴。教会やビルのほか、数多くの住宅の設計も手がけた。

ウィリアム・メレル・ヴォーリズ（1880-1964）
アメリカ出身の建築家。住宅から学校、ホテル、オフィスまで、日本各地で数多くの建築を手がけた。
トリビア➔p.146

村野藤吾（1891-1984）
大阪を拠点に全国で活動した建築家。さまざまな建築様式を取り入れた幅広い作風で、独自の世界観を確立した。
トリビア➔p.163

渡辺仁（1887-1973）
おもな作品に服部時計店（現・銀座和光）、第一生命館などがある。あらゆる建築様式を自在に使いこなした。
トリビア➔p.31

坂倉準三（1901-1969）
ル・コルビュジエに師事した後、1937年パリ万博で日本館の設計を担当。戦後は国内で多くのモダニズム建築を手がけた。
トリビア➔p.68

全国 MAP

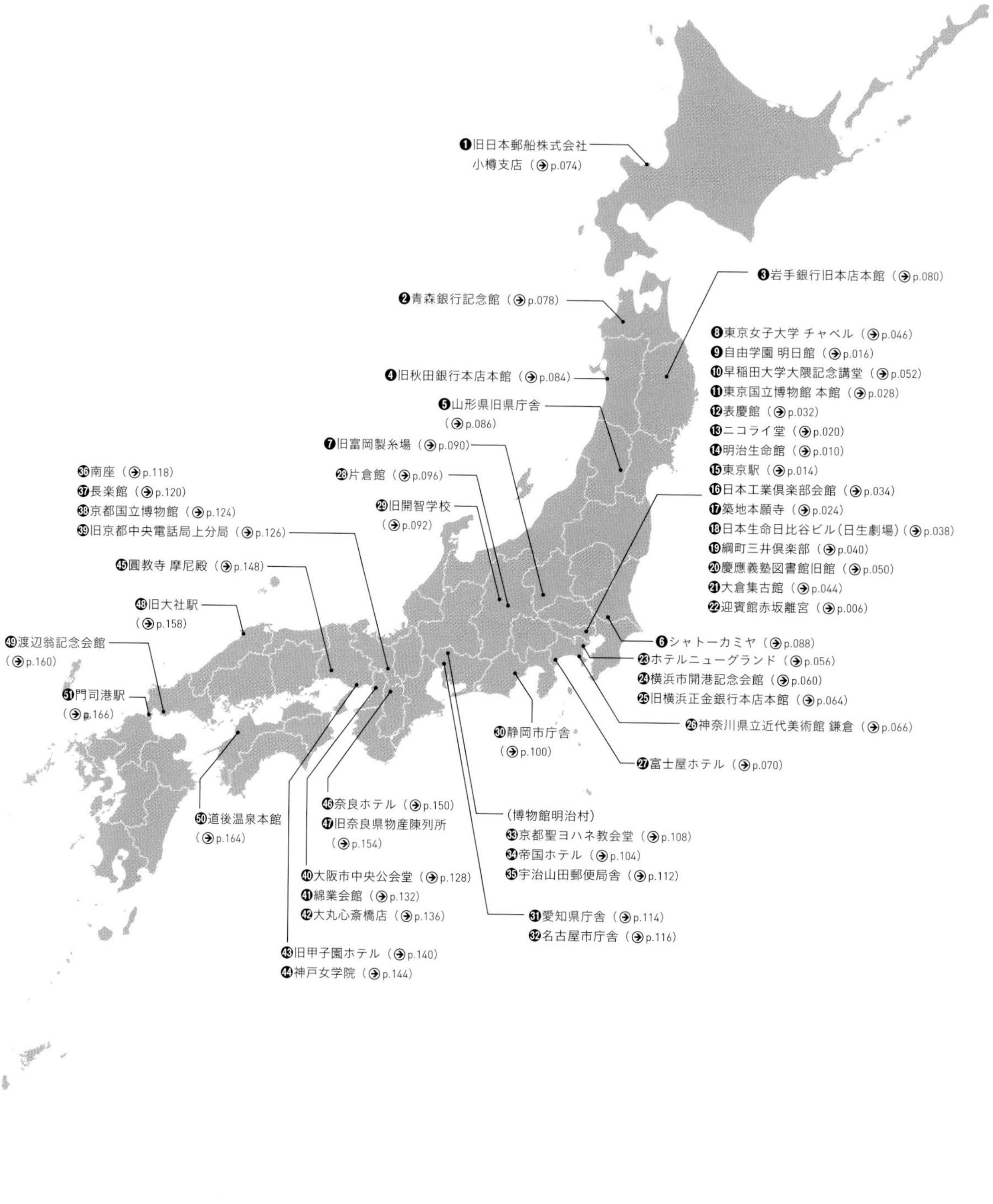
❶旧日本郵船株式会社
小樽支店（➔p.074）
❷青森銀行記念館（➔p.078）
❸岩手銀行旧本店本館（➔p.080）
❹旧秋田銀行本店本館（➔p.084）
❺山形県旧県庁舎
（➔p.086）
❻シャトーカミヤ（➔p.088）
❼旧富岡製糸場（➔p.090）
❽東京女子大学 チャペル（➔p.046）
❾自由学園 明日館（➔p.016）
❿早稲田大学大隈記念講堂（➔p.052）
⓫東京国立博物館 本館（➔p.028）
⓬表慶館（➔p.032）
⓭ニコライ堂（➔p.020）
⓮明治生命館（➔p.010）
⓯東京駅（➔p.014）
⓰日本工業倶楽部会館（➔p.034）
⓱築地本願寺（➔p.024）
⓲日本生命日比谷ビル（日生劇場）（➔p.038）
⓳綱町三井倶楽部（➔p.040）
⓴慶應義塾図書館旧館（➔p.050）
㉑大倉集古館（➔p.044）
㉒迎賓館赤坂離宮（➔p.006）
㉓ホテルニューグランド（➔p.056）
㉔横浜市開港記念会館（➔p.060）
㉕旧横浜正金銀行本店本館（➔p.064）
㉖神奈川県立近代美術館 鎌倉（➔p.066）
㉗富士屋ホテル（➔p.070）
㉘片倉館（➔p.096）
㉙旧開智学校
（➔p.092）
㉚静岡市庁舎
（➔p.100）
㉛愛知県庁舎（➔p.114）
㉜名古屋市庁舎（➔p.116）
（博物館明治村）
㉝京都聖ヨハネ教会堂（➔p.108）
㉞帝国ホテル（➔p.104）
㉟宇治山田郵便局舎（➔p.112）
㊱南座（➔p.118）
㊲長楽館（➔p.120）
㊳京都国立博物館（➔p.124）
㊴旧京都中央電話局上分局（➔p.126）
㊵大阪市中央公会堂（➔p.128）
㊶綿業会館（➔p.132）
㊷大丸心斎橋店（➔p.136）
㊸旧甲子園ホテル（➔p.140）
㊹神戸女学院（➔p.144）
㊺圓教寺 摩尼殿（➔p.148）
㊻奈良ホテル（➔p.150）
㊼旧奈良県物産陳列所
（➔p.154）
㊽旧大社駅
（➔p.158）
㊾渡辺翁記念会館
（➔p.160）
㊿道後温泉本館
（➔p.164）
51門司港駅
（➔p.166）

・丸数字は左の MAP に関連するもので、
掲載順を示すものではありません。

建物名さくいん

文　**田中禎彦**

山梨県教育庁学術文化財課長　博士（工学）
近代建築史／文化財保存

1969年生まれ。京都大学工学部建築学科卒業、同大学大学院生活空間学専攻終了、同博士課程中退。文化庁文化財調査官、ICCROM（文化財保存修復研究国際センター）プログラムマネージャー等を経て2013年より現職。著書に『日本人建築家の軌跡』(至文堂)、『日本の建築空間』(共著、新建築社)、『死ぬまでに見たい洋館の最高傑作』(監修、エクスナレッジ）等がある。

写真　**小野吉彦**

日本写真家協会（JPS)会員。歴史的建造物をおもに撮影。共著に『お屋敷散歩』(河出書房新社)、『食と建築土木』(LIXIL出版)、『日本の産業遺産図鑑』(平凡社）等がある。

イラスト　鶴崎いづみ
ブックデザイン　細山田デザイン事務所
編集協力・DTP　ジーグレイプ
印刷・製本　シナノ書籍印刷

日本の最も美しい名建築

2015年 9 月 2 日　初版第 1 刷発行
2022年 4 月 1 日　　　第 3 刷発行

著　者　　田中　禎彦（文）
　　　　　小野　吉彦（写真）

発行者　　澤井　聖一

発行所　　株式会社エクスナレッジ
　　　　　https://www.xknowledge.co.jp/
　　　　　〒106-0032　東京都港区六本木7-2-26

問合せ先　編集　Tel　：03-3403-1381
　　　　　　　　Fax　：03-3403-1345
　　　　　　　　Mail：info@xknowledge.co.jp
　　　　　販売　Tel　：03-3403-1321
　　　　　　　　Fax　：03-3403-1829

Printed in Japan